書きたいことが書ける
英語ライティング術

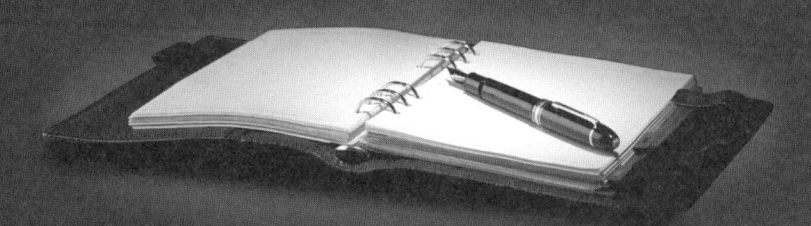

ケリー伊藤 著
Write Natural English

KENKYUSHA

はじめに

　本書は 1999 年 7 月に発行された『書きたいことが書けるライティング術』のアップデート版です。

　前書の『書きたいことが書けるライティング術』は、英語を書くとはどういうことか、英語脳とはどんなものかということを解説した英語ライティング理論の入門書として、おかげさまで多くの方に受け入れていただきました。今回のアップデートに当たっては、一部の用例や引用文を新しいものに入れ替え、お薦め教材などの情報も刷新いたしました。

　本書のあとに読むべきものとして、まず『英語パラグラフ・ライティング講座』（研究社）をお勧めします。アメリカでは小学校から学ぶパラグラフ構成法を、日本人学習者のために基本から解説しています。また、文法など基礎面の強化が必要だと感じた方には、『英語ライティング講座入門』（研究社）がお薦めです。英語話者の視点を学校文法の順番で身につけることができます。さらに、通勤の電車などで読んで学べる本として、『ケリー伊藤のプレイン・イングリッシュ講座』（研究社）もあわせてお勧めいたします。Plain English を語彙レベルからしっかり身につけることができます。ここまでやっていただければ、英語ライティングについては相当な自信がつけられるはずです。

　本書の出版にあたっては研究社編集部の佐藤陽二氏にお世話になりました。また、私のオフィスの浪岡礼子君には原稿整理および日本文入力などをしてもらいました。ありがとう

ございました。

　本書を通して英語ライティングに必要な基礎知識を身につけ、わかりやすい英語を書ける日本人がますます増えていくことを願ってやみません。

Kelly Itoh

目　　次

INTRODUCTION（導入） ------------------------------ 1
　・まわしをつけてリングに上がる
　・情報が足りない
　・「直訳と意訳」という区別は意味がない

＊

第1章　STRUCTURE（構成） ------------------- 11
　1.1　FORMAT（形式） ------------------------------ 13
　　　＊日本語は、ビジネス文書に至るまで「起承転結」が貫かれている。英文を作る場合は、「起承転結」は忘れよう。
　1.2　FOCUS（絞り込み） ---------------------------- 23
　　　＊英語で文章を書く場合「自分が何を書きたいのか」をよく考えることが必要である。
　1.3　BRAINSTORMING（ブレインストーミング） ------ 31
　　　＊何を書きたいかを絞り込む作業には、違うものを分類していく段階が不可欠である。特に、過去と現在、客観と主観を分類することが重要だ。

第2章　PARAGRAPH（パラグラフ）...... **41**

2.1　ONE TOPIC FOR ONE PARAGRAPH...... **42**
（ひとつのパラグラフにはひとつの内容を）
　　＊パラグラフとは何か。日本語の「段落」とはかなり違う。

2.2　THE TOPIC SENTENCE **46**
（トピック・センテンス）
　　＊絞り込んだテーマを、パラグラフの最初の文で表現する。同じパラグラフ内では、関連する文のみが続く。

2.3　ORDER（展開）...... **53**
　　＊トピック・センテンスに続く文章は、前の文章を説明する内容や具体例などである。

第3章　SENTENCE（文）...... **61**

3.1　SOMEBODY DOES SOMETHING **62**
（何が、何をする、何に）
　　＊英語の基本はS + V + Oである。できるかぎりこの文型で書くことが重要である。be動詞はなるべく使わないようにする。

第4章　WORD（単語）...... **77**

4.1　PLAIN ENGLISH 10 RULES **78**
（プレイン・イングリッシュ 10 のルール）
　　＊プレイン・イングリッシュを書くための10のルールの解説と実例。

4.2　SHORT WORDS（短い単語） ------------------- **87**
＊「長い単語より短い単語を」の実例リスト。

第5章　PRACTICE I（実践I） ----------------------- **95**
＊実際に英文を書く。まずは、内容のある日本語文書を英文で表現してみる。

第6章　PRACTICE II（実践II） --------------------- **107**
＊広告の英文は学ぶべき英文の見本である。架空の商品の広告文を書いてみる。

＊

SUGGESTIONS（提言） ---------------------------- **123**
・「学校英語」という呼び方は廃止
・これからの英語教育
・Read, read, read.（ひたすら読みなさい）
・国語教師の方々へ
・英語教師の方々へ
・国語教師・英語教師の方々へ
・企業の英文チェッカーの方々へ
・会社の管理職・経営者の方々へ
・ケリー伊藤のお薦め教材

参考文献 --- 136

INTRODUCTION
（導入）

■なぜ日本人の書く英語はわかりにくいのか。その理由をつきとめた。

　日本で出ている英文、たとえば企業マニュアル、カタログ、官公庁の出版物の英文を読むと、どうも意味がわかりません。ひとつひとつの文は文法的にも正しいし、語法的にも外れているわけではありません。しかし、今ひとつ何が書きたいのかわからないのです。思わず**日本人には書きたいことがない**んじゃないか、と考えたりしてしまいます。

　ずっとその理由を考えてきました。企業の英語研修をやるようになって、やっと答えがわかりました。

まわしをつけてリングに上がる

　日本人の英語の問題をつきつめていくと、日本語の問題に行きつきます。日本語の良し悪しではなく、日本語的発想で英文と英文をつなげて展開しても、英語的な論理で見ると意味を成さないのです。この一見単純な事実が理解されていないところに日本人英語の問題点があります。

　英語を書いたり話したりするときに日本語的発想をすると

いうことは、ボクシングのリングに相撲のまわしをつけて上がってしこをふんでいるようなものです。ボクシングのリングに上がったら、ボクシングのルールで戦わなければ勝負になりません。日本語的発想で英語を書いたり話したりするということは、このことを平気でやっているということに似ています。

　日本人には感覚的にわかることでも、英語の頭で考えるとどうしても理解できない例をひとつ挙げましょう。

　日本語の性質を理解するためにいろいろな日本語に関する文献を読みました。その中でどの本にも取り上げられている文章に、川端康成の「雪国」の冒頭の部分があります。

国境の長いトンネルを抜けると雪国であった。

　この日本語を読んでおかしいと思う日本人は一人もいないと思います。しかし、英語的感覚で見ると理解不能になってしまいます。「何が」トンネルを抜けたかが明示されていないからです。ある文献の説明によると、「長いトンネルを抜けたのは主人公のようでもあるし、列車のようでもある。つまり主人公とも、列車ともいえる主客合一した何かがトンネルを抜けたのである」。

　つまり日本人にとっては、「何が抜けた」かわからなくても理解に支障はないということです。このことは英語の頭にはとうてい理解できません。英語においては主体は主体、客体は客体で別個の存在ですから、それが合一して得体のしれ

ないものが「抜ける」という感覚は相いれないものです。

　ちなみに、川端康成の訳者として知られるサイデンステッカー氏の英訳はこうでした。

> The train came out of the long tunnel into the snow country.

もちろん、英文自体は文法的にも誤りなどありませんが、この文では単に、

> 列車が長いトンネルを抜けて雪国に入った。

という極めて客観的な描写になっています。主語のない英文などはありえないわけですから、サイデンステッカー氏はあえて列車という主語を立てたのだと思います。しかし、これを見た日本人は何か違和感を抱くはずです。

　文学作品を訳すということは、訳者の主観・解釈を抜きにしては不可能ですから、これをサイデンステッカー氏の解釈ととれば、誰にも批判する権利はありません。

　しかし、仕事などで情報を伝えるということになると、元の情報に書き手の主観・解釈が入っては収拾がつかなくなってしまいます。私が日本語の問題と言ったのはこのことです。日本語の段階で、英語的観点から情報の展開ができなければ、まともな英語になるはずがありません。

情報が足りない

　もうひとつ例を挙げましょう。私はかつて、日本の受験生向けの英作文の参考書を 10 冊ほど読み、元になっている日本文と訳された英文とが同じ情報を伝えているかという視点から検討して、おかしいと思ったものを改めて訳してみせたことがあります（『使える英語へ』）。

　そういう英作文の教科書・参考書に必ずと言っていいほど掲載されていたものが、これです。

> 雨が降ったので、私は外出することができなかった。

この日本文の模範英訳は、

> The rain prevented me from going out.

となっています。もちろん文法的には間違いはありません。ただ、prevent には stop の強制的なニュアンスがあります。英語感覚で考えてみると「雨が降っていると、どうして外出できないのだろう」という疑問が生じるため、不思議な文になってしまいます。傘やレインコートでもあれば、雨が降っていても問題はないはずですから。

　この日本文は、「雨が降った」ことと「外出できない」ということを一見因果関係のように捉えています。模範英訳はそれをそのまま英語にしているので、日本語的感覚がそのま

ま出ていることになります。まさにボクシングのリングで相撲をとっているわけです。

　英語の論理では、この日本文はむしろ「雨が降ったので、外出する気がなくなった」という気分の問題として意味をとるべきでしょう。その場合には feel like という表現が使えます（①）。また「家に居たかった」と表現する方法もあります（②）。

①　It rained and I didn't feel like going out.
②　It rained and I wanted to stay home.

　日本語ではすべてを言わなくても何となくわかるというところがありますが、英語では、**すべてを言わなければ世界が展開しない**のです。つまり、この模範英訳の問題点は、英文の作者が、英語を書くときにはもう少していねいに情報を付け足すべきだったのに、そうしなかったということです。

　もうひとつ例を挙げておきます。日本語関係の文献に載っている有名な、奥津敬一郎氏の『うなぎ文』です。

　「吾輩は猫である」なら I am a cat. ですが、「ぼくは、うなぎだ」という文章を I am an eel. と訳せるでしょうか。

　文献の示すところでは、この文は文脈によって、実に様々な意味を表すということです。次の表で、実際にどんな意味になりうるかを確かめてください。

> ぼくは、うなぎだ
>
> ---
>
> 〈注文を確認された場合〉
> **ぼくが注文したのは**　うなぎだ。
> 〈好物を尋ねられた場合〉
> **ぼくが好きなものは**　うなぎだ。
> 〈嫌いな食べ物を尋ねられた場合〉
> **ぼくが嫌いなものは**　うなぎだ。
> 〈釣りの対象を尋ねられた場合〉
> **ぼくが釣ろうとしているのは**　うなぎだ。
> 〈研究の対象を尋ねられた場合〉
> **ぼくが研究しているのは**　うなぎだ。

「ぼくは、うなぎだ」をそのまま英語にしても意味を成さないことは明らかです。

I am an eel. では、私＝うなぎになってしまいます。英語的感覚で述べるということは、上の表の太字の部分を含めてすべて述べるということです。

本書では、どちらが良いということではなく、英語と日本語がどのように違うかという観点から、読者のみなさんに、少しでもボクシングのリングにボクサーショーツを履いて立てるよう手助けをします。

「直訳と意訳」という区別は意味がない
　もうひとつ、本書では重要なことを主張します。

私が英文のチェックを依頼されて rewrite をすると、依頼者は「ケリーさんの英文がすばらしいのはわかるけれど、ここはひとつもう少し日本語通りに訳してくれませんか」と言われます。つまり、意訳ではなく直訳調ということです。私はこのような相手に対して猛烈に反対します。

　だいたい日本語を英語にする際に「直訳」「意訳」などと区別すること自体が間違いだと思っています。元の**原文の意図・アイディアを伝える**という観点からは、意訳とか直訳とかいう区別はありません。

　一番よい例が朝の挨拶です。日本語の「おはようございます」を英語で Good morning. と言うことは日本の子供でも知っています。これは直訳でしょうか、意訳でしょうか。Good morning. を逆に日本語で「よい朝」と言う人がいるでしょうか。アイディアを伝えるという観点からは、直訳・意訳などという区別はありえないのです。

《日本語》

> 社長メッセージ
> 　1999年11月29日、私は約26坪のオフィスで11人の仲間とともに、XXXX 初のサービスであるインターネットオークションをリリースしました。
> 　その瞬間に感じた、志を同じくする仲間と全力で取り組んで実現できた達成感、リアルタイムでお客様の反応がはっきりとわかるインターネットサービスの醍醐味を、今でも忘れません。
> 　以来、私は飽くことなしに、同様の達成感、醍醐味を追い求め、決して自己満足に終わらず徹底的にお客さまの視点で考え抜き、

8　INTRODUCTION

世の中に新しい価値をもたらすサービスを作り続けてきました。
事業領域にこだわることなく次々とサービスを生みだし…

《英語》

Message from the CEO

On November 29, 1999, XXXX launched its first online auctions service with a small group of 11 employees in a tiny office in Tokyo. I will never forget the enormous sense of accomplishment I felt that day. The launch of the online auctions service was a very symbolic time for me as it opened my eyes to how exciting it is to run an Internet business.

I continue to strive to achieve a similar feeling of accomplishment and excitement that I felt that day in November 1999. Together with my XXXX teammates, we've had the pleasure to build and launch multiple online services that cover a variety of business areas.

第1パラグラフ

　このパラグラフの一番の問題は時制（tense）です。第1文は過去形で始まっています。そしてその次の文は主語も変わり、時制は未来形になっています。そして最後の文はまた過去時制になっています。

　英語のパラグラフではこのような時制の混在はありえませ

ん。内容的にも日本語にありがちなサンドイッチ構造になっています。事業の始まりを述べて次に自分の気持ちが入り、また事業の立ち上げ当時の話に戻っています。

表現面を見ていきましょう。

the enormous sense of accomplishment という表現は英語にはありません。a deep sense of accomplishment あたりでしょうか。

また、a very symbolic time も英語では意味を成しません。a pivotal moment ぐらいなら理解できます。

第2パラグラフ

このパラグラフも第1文、つまり topic sentence はご自分の抱負が述べられていますが、次に続く文は何をしてきたかという業績に移っています。時制も第1文は現在形、それに続く文は現在完了です。

英語のパラグラフでは上記のような流れや構成はありえないのです。

語法面では、continue が本文中のような意味の場合、通常は現在形では用いません。現在形は普遍論を表すので、自分の心構えを述べるのであれば未来形になります。

*

この例で、私が本書でお伝えしたいことがご理解いただけたかと思います。英文らしい英文を書くためには、英文の構造を知らなくてはなりません。そして、それに合わせて、伝えたい内容を整理していかなくてはなりません。そうでなければ「何を言いたいのかよくわからない英文」「言いたこ

とが何もない英文」「内容のない英文」にとられてしまうのです。それを防ぐためには、日本語の発想から抜け出さなければなりません。

　本書のここからの本文を scan していただければわかるように、「そのまま使える模範例文」などというものは載せてありません。本書は、もっと本質的な問題を扱います。従来のライティング指導では欠落していた、しかし最も重要な部分をきちんと書いた本だと自負しております。

第1章
STRUCTURE
（構成）

■原則：一番伝えたいことを一番はじめに。

　日本語と英語では文章作法がまったく異なります。このことをまず頭にたたき込んでください。
　日本では、文章の展開として昔から「起承転結」「序破急」が良しとされています。「起承転結」は、第一句の起句で詩意を言い起こし、第二句の承句でそれを受け、第三句の転句で素材を転じて発展させ、第四句の結句で全体を結ぶ、漢詩、特に絶句の構成法です。「序破急」は、能や浄瑠璃などの脚本構成上の三区分で、「序」は導入部、「破」は展開部、「急」は結末部を表します。
　日本語でいろいろな事柄を書かなければならない立場にある人は、この日本語の規範に習熟している場合が多いと思いますが、実はこのことが、英語として論理の通る文を書く妨げになっているのです。
　英語を書いたり話したりする場合には、日本語の文章展開は忘れてください。英語に起承転結はありません。
　英語では、一番言いたいこと、一番大事なことが一番はじ

めにきます。

*

　この章では、手始めに、英語と日本語の全体像の違いを見るために、手紙の形式（FORMAT）を比較します。

　次に、何を一番伝えたいかという、情報の絞り込み（FOCUS）の重要さについてお話しします。

　そして、自分が何を一番伝えたいのか、よく考えるために必要な、ブレインストーミング（BRAINSTORMING）の仕方――英文ライティングのための「分類法」の練習をします。

1.1
FORMAT
（形式）

　まず、一般に出版されている文書の書き方の本から、日本語と英語のビジネス文のフォーマットを比べてみましょう。

ビジネス文書のフォーマット
《日本語》

平成○年○月○日
○株式会社
○部長　　○○○○殿

東京都○○区○○○○○
株式会社　　○○○○○
○○部○○課　　○○○○

○○○の件

（前文）
「拝啓」「前略」などの頭語で始め、時候の挨拶や安否の挨拶を書きます。

（本文）
「さて」「つきましては」「ところで」などの起語や転語で始め、用件をわかりやすく書き、最後は「敬具」「草々」などの結語で結びます。

> **(別記)**
> 日時や場所、注文品や数量など、特に重要な事項は本文中に入れるより、「記」として、箇条書きで別記したほうがわかりやすくなります。この場合、本文に必ず「下記のとおり」などと入れます。
>
> **(付記)**
> 本文とは別にして、強調しておきたい内容を書きます。本文以外に別記や付記がある場合は、末尾に結語として「以上」を入れます。
>
> 以上

　日本語のビジネス文書のフォーマットには、「起承転結」が強く感じられます。
　「○○○の件」が「起」ですね。そして「時候の挨拶や安否の挨拶」が「承」に当たります。
　次の「本文」のところの解説にご注目ください。「...などの起語や転語で始め...などの結語で結びます」とあります。まさに「転」「結」ですね。漢詩、特に絶句の技法が現代ビジネスの中の文書に生かされているわけです。

《英語》

> **Heading**
> 差出人住所と日付
>
> **Inside Address**
> 受取人名・住所
>
> **Salutation** (頭語・敬辞)
> Dear Sir、Dear Mr.〜など。日本語の「拝啓」「前略」に当たります。

> **Body**（本文）
> 時候の挨拶などはなく、すぐに本題に入ります。
>
> **Closing**
Truly yours など
Signature

次に、同じような内容が日本語と英語ではどのように表現されるか、具体的な例を見てみましょう。

例1．引っ越しのお知らせ
《日本語》

> オフィス移転のご案内
>
> 拝啓
> 　貴社益々ご清栄のこととお喜び申し上げます。平素は格別のご高配を賜り、厚く御礼申し上げます。
> 　さてこの度弊社は、11月1日より事務所を移転することとなりましたのでご案内申し上げます。
> 　今後ともいっそうのお引き立てを賜りますようよろしくお願い申し上げます。
>
> 敬具
株式会社　ケリーズイングリッシュラボ
代表取締役　ケリー伊藤

《英語》

> We are moving.
> Note the new address effective from November 1.
> 　　　　　　　　Kelly's English Laboratory Co., Ltd.

　日本語の文書では、安否の問いや感謝の言葉から始めますが、英語では「引っ越しする」という事実のみを述べます。
　こういったタイプの転居のお知らせにも、日本語のものの言い方の特徴が表れていると思います。転居のお知らせということであれば、新住所や電話番号などだけでよいはずですが、日本では必ず最後に、

　お近くにおいでの節は是非お立ち寄りください。

と書いてありますね（会社移転の案内に書いてある場合さえあります）。これをそのまま英語にすると、

　Please drop by when you are in town.

となり、「招待」していることになってしまいます。
　日本語で育った人なら単なる意味のない付け足しとわかりますが、このように英語で表現してしまうと、もう「転居のお知らせ」とは別の「招待」も含んでしまうわけです。もし英語で転居を知らせるということであれば、そのことだけに絞ってください。

例２．招待状

次はある企業のレセプション招待状です。

《日本語》

> 拝啓　時下ますますご清栄のこととお慶び申し上げます。
>
> 　さて、この度５年に亘り東京事務所のマネージングパートナーを務めました●●●●●●がアメリカに帰任することになりました。在任中の格別のご厚情にお礼申し上げると共に、新任のマネージングパートナーとなります▲▲▲▲▲▲をご紹介させていただきたく、下記の要領でレセプションを催したく存じます。春色の夜景にジャズの生演奏と美味しいお食事をどうぞ存分にお楽しみくださいませ。皆様のご来席を心よりお待ち申し上げます。
>
> 日時：2014年３月６日（木）　午後6:30〜8:30
>
> 会場：東京都千代田区丸の外1-2-3
> 　　　丸の外ビルディング　45階
> 　　　◇◇◇◇◇◇◇

《英語》

> ■■■■■■
> **Spring Reception**
>
> ■■■■■■ cordially invites you to join us for an evening of live jazz and a dinner buffet with beautiful night views of Marunosoto and Ginza to thank you for your continued friendship.

> ●●●●●●, who has served as the Tokyo Office Managing Partner for the last five years, will be returning to the US. We would like to take this opportunity to introduce our new Office Managing Partner, ▲▲▲▲▲▲, who will be relocating from our London office to assume the role.
>
> **Thursday, March 6, 2014**
> **6:30 - 8:30 pm**
>
> ◇◇◇◇◇◇◇◇
> **45th Floor Marunosoto Building**
> **1-2-3 Marunosoto, Chiyoda-ku, Tokyo**
> **(See enclosed map.)**

　日本文はお決まりの挨拶から始まっています。英文は日本文から離れてこの文面の趣旨である招待の文で始まっています。

　パラグラフの観点からも日本文は切れ目がありません。しかし英文はきちんと one topic for one paragraph の原則が貫かれています。

　たとえ日本文と英文の対訳形式であっても、このように日本語は日本語の書き方、英語は英語の書き方で作成したいものです。

例３．講演の依頼
《日本語》

研修会講師のお願い

拝啓
　立秋の候、先生には益々ご健勝のこととお慶び申し上げます。
　さて、突然のことで誠に恐縮でございますが、弊社では毎年４月に管理職を対象に研修会を開いており、その一環として幅広い分野でご活躍の著名な方々にご講演をお願いしております。
　このたび、先生の企業経営に関するご著書を拝読いたし、たいへん感銘を受けまして、ぜひとも○○のテーマでご講演いただきたいと思い、ご一筆申し上げる次第でございます。
　つきましては、ご多用中とは存じますが、なにぶんよろしくご高配賜りますようお願い申し上げます。
　なお、お手数ながら、ご都合のほどを同封の葉書にて３月20日までにお知らせいただければ幸甚に存じます。
　　　　　　　　　　　　　　　　　　　　　　　　　　　　敬具

　　　　　　　　　　　　　　　記
1. 日時など…。
　　　　　　　　　　　　　　　　　　　　　　　　　　　　以上

《英語》

Dear Mr. --------

We at ☐☐☐☐ hold an in-house seminar for managers in April every year. And we wonder whether you could come and give a lecture about your management method at the seminar. We find your books on management very inspiring and helpful. We are convinced that your seminar will mean a lot and benefit the participants.

Please return the postcard enclosed and let us know no later than March 20.

Thank you

P.S. We will contact you about the fee this week.

英文は、日本文の「弊社では...」の部分から始まっています。

なお、ここまででお気づきかと思いますが、最近の英語の文書は、パラグラフの頭を下げる（indentと言います）ことをせず、そのかわりパラグラフとパラグラフの間を1行空けるようになっています。これは、端的に言って、インターネットの影響によるものです。インターネットの英語のサイトを見れば、すべてこの形式で書かれていることに気づくでしょう。電子メールもそうです（日本人が日本語で電子メールを書くときも、この形式が普通になっているようです）。

例4. 資料請求
《日本語》

> 資料ご恵与のお願い
>
> 拝啓
> 　晩春の候、貴所ますますご清祥のこととお慶び申し上げます。
> 　さて、貴所の○○についてのご研究は、かねてより雑誌などを通じ拝承いたしております。
> 　つきましては、当社でも貴所の新製品の採用について検討いたしたく、ご多忙中誠に恐縮に存じますが、○○についての資料をご恵与くださいますようお願い申し上げます。
> 　まずは、よろしくご配慮のほどお願い申し上げます。
> 　　　　　　　　　　　　　　　　　　　　　　　　　　　敬具

《英語》

> **To Whom It May Concern;**
>
> Please send me a brochure about --------. I have read about -------- in magazines and I am interested in it.
>
> If -------- meets our requirements, we will purchase -------- for our office.
>
> **Thank you**

　英語は、日本語では最後から2番目にきている「○○についての資料をご恵与くださいますようお願い申し上げます」

に当たる文から始まっています。それがこの文書の一番重要な用件だからです。これが英文での順序なのです。

　フォーマットだけを見ても、日本語と英語では展開がまったく違います。英語を書いたり話したりするときは、起承転結を忘れましょう。

*

　いま「起承転結を忘れましょう」と言いましたが、付け加えておけば、英語を書く際には「天声人語」の文体・構成も忘れてください。

　「天声人語」に代表される新聞のコラムを、中学生から高校生・就職を控えた大学生まで読むように指導されるようです。「天声人語」は、日本語の散文としては確かに名文かもしれませんが、あのような文章は英語では成り立ちません。

　まず、導入の部分で「マクラ」のようなことを述べ、徒然なるまま文章が進み、ポーンとロジックが飛んで、最後の2、3行で一番言いたい大切なことがきます。

　ポーンと飛んで、どれだけうまく落とせるかが書き手の力量だと思いますが、英文ライティングでは、このような文章展開はありえません。英語では、まず結論が先でそれに対する説明を続けるのみです。

1.2
FOCUS
（絞り込み）

英語で文章を書いたりスピーチをしたりする場合は、自分が何を言いたいのか、よく考えることが必要です。

次の英文はアメリカの小学校4年生の教科書から抜粋したものです。米国では小学校4年生で、自分の思っていることをどのように構成して表現するか、勉強しているのです。

My Trip to California (unfocused)

I went to California with my parents and my sister. The plane ride to California was boring. First we went to Palm Springs, where my grandparents live. On Friday we drove to Disneyland. That was great! We were staying at the Marriott Hotel in Los Angeles. That night we went out to dinner with my cousins who live there. When we got back to the hotel, my sister and I went up to our room on the elevator and my parents and cousins stayed downstairs in the lobby. My sister and I were sitting on our beds in our room watching two men bobsledding in the Olympics, and all of a sudden a really deep and loud honking noise went off. It was a fire alarm. We were scared till the porter told us it was a false alarm.

24　第1章　STRUCTURE

> 僕のカリフォルニアへの旅（絞り込んでいない）
>
> 　僕はカリフォルニアへ、両親と妹と一緒に行きました。カリフォルニアまでの飛行機はつまらなかったです。最初にパームスプリングスに行きました。そこにはおじいさんとおばあさんが住んでいます。金曜日、車でディズニーランドへ行きました。とっても楽しかったです。ロサンゼルスのマリオット・ホテルに泊まりました。その夜、ロサンゼルスに住んでいるいとこと、外でディナーを食べました。ホテルに戻ってきて、妹と僕はエレベーターで部屋に上がり、両親といとこは下のロビーに残りました。妹と僕が部屋のベッドに座ってオリンピックで2人の選手がボブスレーをしているのを見ていると、突然、とても低く大きなブーっという音が鳴り響きました。それは火災報知器でした。僕たちは怖かったですけど、ボーイの人が、今のは間違いだったと教えてくれました。

　これはちょうど日本の小学生が書くような作文に近い構成ですね。要するに「徒然なるままに」書いているだけです。英語では、このような展開は望ましくないのです。むしろ、自分にとって何が印象深かったかを focus して、その部分について話を展開します。focus して書き直したものが次の文です。

> **The Scare at the Marriott (focused)**
>
> **My sister and I were sitting on our beds in our room at the Marriott Hotel in Los Angeles watching TV. Two men were bobsledding in the Olympics when, all of a**

sudden, a really deep, loud honking noise went off. At first I thought it was the pipes in the bathroom. Then, I thought it was a fire alarm. I was shaking. I opened the door and saw a couple of people in the hall. This one lady had hair curlers on and a light blue nightgown that came over her knees. She ran around the corner like she was going to have a heart attack. Then the noise stopped.

The lady came back and said out loud, "It's a fire alarm, just like on the ship."

My sister said to me, "What ship?"

I was really puzzled about everything until a porter came by and said it was a false alarm. We went back to watching TV. By that time bobsledding was over and figure skating was just about to start.

マリオット・ホテルでの驚き（絞り込まれたもの）

妹と僕はそのとき、ロサンゼルスのマリオット・ホテルの部屋で、ベッドに座ってTVを見ていました。オリンピックで、2人の選手がボブスレーをしていたそのとき、突然、とても低く大きなブーっという音が鳴り響きました。最初、僕はバスルームのパイプが鳴っているのだと思いました。そのあとで、それは火災報知器だと思いました。僕はふるえました。ドアを開けると、何人もの人が廊下にいました。ひとりの女の人は、ヘアカーラーを巻いて、膝まである青いナイトガウンを着たままでした。その人は走っていき、廊下の角を曲がって行きました。まるで心臓発作を起こしたようでした。そのとき、音が止まりました。

> その女の人が戻ってきて、大声で言いました。「火災報知器よ。船にあるみたいな」
> 　妹が僕に言いました。「船？」
> 　僕は何が何だかわかりませんでしたが、ボーイの人がやってきて、今のは間違いだったと言いました。僕たちは部屋に戻り、TVを見ました。もうボブスレーは終わっていて、フィギュア・スケートが始まるところでした。

英語で何かを伝えたいときには、まず、自分が一番伝えたいことは何か、情報の絞り込みをするよう心がけてください。

*

では、もう一例見ることにしましょう。

《日本語》

> 東京を世界一の都市へ
>
> 　東京都知事の舛添要一です。
> 　都政の役割の第一は、都民の皆様の生命と財産を守ることです。震災への備えやテロ対策など危機管理体制を万全なものとし、「世界一安心・安全な都市・東京」をつくり上げていきます。この土台の上に築くのが、ゆりかごから墓場まで、誰もが生き生きと生活できる「世界一の福祉先進都市・東京」です。厚生労働大臣を務めた経験も活かし、東京から福祉を変えていきます。そして、2020年、この東京にオリンピック・パラリンピックがやってきます。都民・国民が力を結集し、世界中から訪れるお客様が、「こんなオリンピック・パラリンピックは見たことがない」と驚く「史上最高・世界一のオリンピック・パラリンピック」を実現したいと思います。

自然豊かな多摩・島しょの発展、台風二十六号による甚大な被害を被った大島の迅速な復旧・復興にも全力を挙げ、東京の魅力を磨き上げてまいります。

東京が変われば、日本は必ず変わる。その志を持ち、都議会と一緒になって、東京を「世界一の都市」へと押し上げ、日本を夢と希望と輝きに満ちる国に変えていきたいと思います。

都民の皆様のご協力を心からお願い申し上げます。

東京都知事　舛添　要一

《英語》

Message
Making Tokyo the World's Best City

With your strong support, I recently assumed the office of the governor of Tokyo. I am strongly determined to commit every effort to steering the affairs of the metropolitan government.

The main role of the Tokyo government is to protect your lives and property. I will work to create a Tokyo that is the world's best city in terms of safety and security. This will be done by establishing an infallible crisis management system with thorough measures against earthquakes, terrorism and other threatening events. On this foundation we will build a Tokyo that is the world's best city in terms of social welfare; a city where everyone can fully enjoy life from the cradle to the grave. I will leverage my experience as minister of health, labour, and welfare to have Tokyo take the lead in improving social welfare in Japan. And, in 2020, we will be welcoming the Olympic and Paralympic Games to our city. I hope to rally the strengths of the people of Tokyo and all over Japan to host what will be the world's best Olympics and Paralympics; an unprecedented, magnificent event that will amaze visitors from around the world.

I will also dedicate efforts to enhance the attractions of our city by developing the nature-rich Tama area and the Islands, as well as by advancing the quick restoration and recovery of Izu-Oshima island from the serious damages wrought by Typhoon Wipha.

If Tokyo changes, so too will Japan. With this conviction in mind, I hope to work together with the Tokyo Metropolitan Assembly to transform Tokyo into the world's best city and, by doing so, bring dreams, hopes, and brilliance to Japan.

I shall be very grateful for your cooperation and support.

Yoichi Masuzoe
Governor of Tokyo

第1パラグラフ

たった4行のパラグラフですが、英語のパラグラフの大原則 one topic for one paragraph の観点からは問題があります。

I am strongly determined ～ からは第1文と時制も異なり、内容もこれからの心構え、あるいは抱負になっています。英語のパラグラフではここから別の topic になってしまいます。

第2パラグラフ

このパラグラフは長さもあるせいか、英語の頭で見るといろいろな topic が混ざっていることが気になります。

英語のビジネス文のパラグラフでは第1文がそのパラグラフの topic sentence です。ここでは都政の役割です。それに続く文（detail sentences）は、この内容を展開しなくてはなりません。しかし、次の文は都知事の抱負がきています。ここでパラグラフとしては破綻です。内容的にも safety と security に移っています。

On this foundation ～ からの文は主語はIから we に代わります。これも英語のパラグラフではやってはいけません。内容も今度は social welfare に移っています。

次の文はまた主語をIに戻して都知事の抱負を述べています。

And で始まる次の文は、主語がまた we に戻っています。そして内容も2020年のオリンピック・パラリンピックに移りました。

次の文もまた主語をIに戻して知事の抱負を述べています。

英語のパラグラフでは主語をころころ変えることはなるべく避けたいものです。しかも、この we が誰を指しているのかあいまいです。

第3パラグラフ
　第3パラグラフは、知事の抱負のみで、このパラグラフは one topic for one paragraph の原則にかなっています。ひとつ残念なのは、語法のミスです。damage を複数形で用いると被害の意味ではなく賠償金の意味になります。被害を表す damage は不可算名詞です。

第4パラグラフ
　このパラグラフの第1文は topic sentence ではありません。まあこの前提条件を入れないと、次の知事の抱負が述べられないのでいたしかたないでしょう。しかし、英語のビジネス文のパラグラフでは第1文が topic sentence であるべきです。
　また、and からの文では主語があいまいです。何が日本に夢や希望をもたらすのでしょうか。
　日本人は夢とか希望という言葉に弱いようですが、これを英語で述べると陳腐な響きになります。国に対して brilliance（輝き）も違和感があります。

第5パラグラフ
　この締めの文も非常に日本的です。英語の感覚ではこの文は必要ありません。

1.3
BRAINSTORMING
（ブレインストーミング）

brainstormingとは、ある問題に対しての解決策を考える際に、その場にいる複数の人に何も制限をつけずに思いつく限りの答えを出させ、それをその場にいる全員で討議し、有効な策を見つける作業です。最近は「ブレスト」と称して日本の企業でもさかんに行なわれていますね。

ライティングのためのbrainstormingの場合、これを自分一人でやってみるわけです。その目的は、自分の言いたいことが何か、focusすることにあるのは言うまでもありません。

そのためにwebを利用するのもひとつの方法です。webとは、次のようなものです。

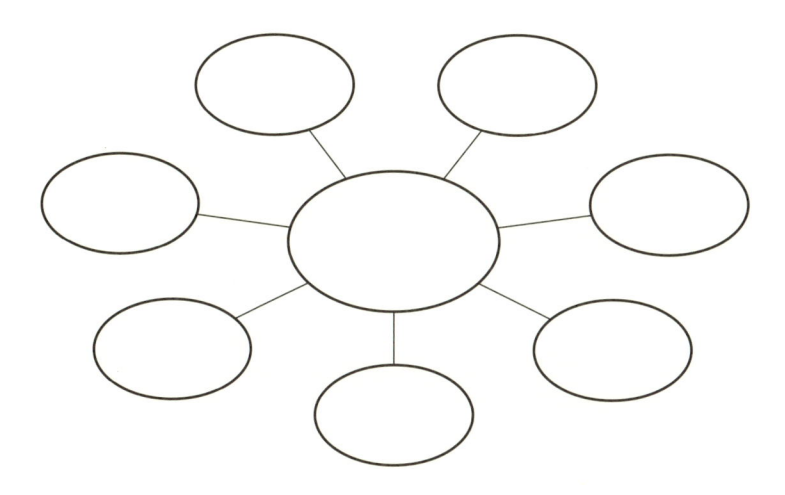

web とは本来は「蜘蛛の巣」の意味です。最近では、インターネットの世界を Web だけで表現することも多いです。

まず、あるテーマについて自分の思いつくままに事柄を並べます。このときは時間的な枠、場所などは考慮しないでできるだけたくさんアイディアを出します。記録は文でも単語でもかまいません。

たとえば、「私の好きなもの」という作文を書かなければならないとしましょう。中央に「私の好きなもの」と書き、周囲に、思いついたものを、順番にかかわりなく書き込んでいきます。

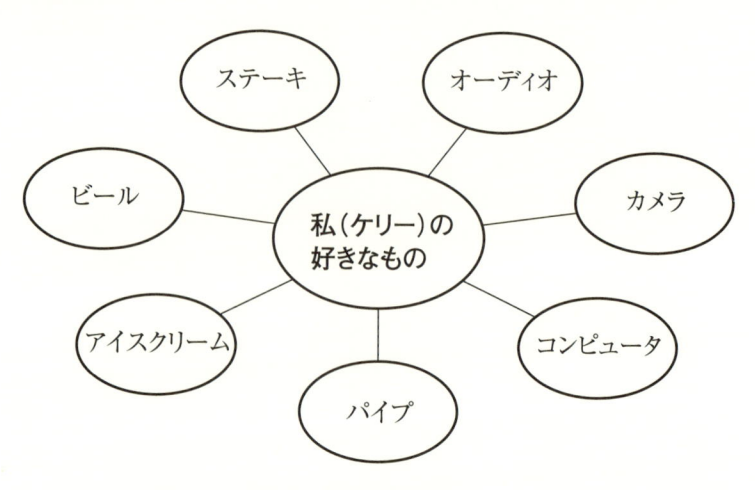

```
        ステーキ        オーディオ

  ビール       私(ケリー)の       カメラ
               好きなもの

 アイスクリーム                コンピュータ

              パイプ
```

その、周囲に書き込んだものの中から1つ選んで、今度はそれを、別の web の中央に書き込みます。「コンピュータ」を選べば、次ページのようになります。

こういう作業を繰り返しながら、ひとつの topic にまで focus していくのです。

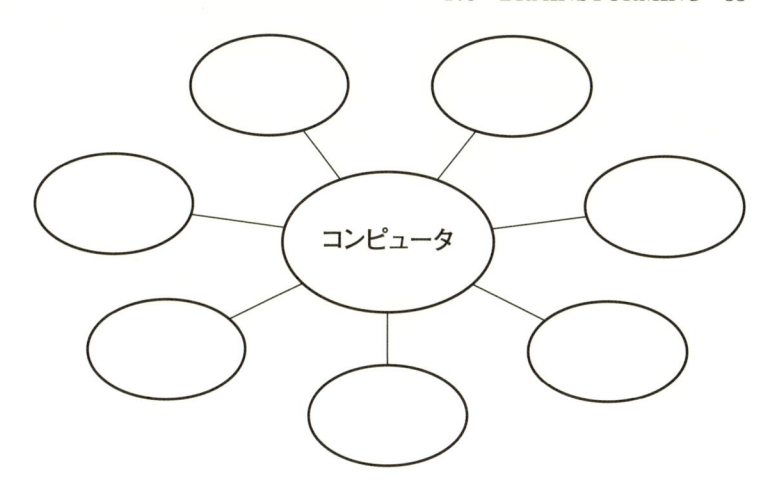

また、2つのものを比較対照するような文章なら、初めに Venn diagram（ベン図）を作っておくと便利です。

Venn diagram とは、次のようなものです。

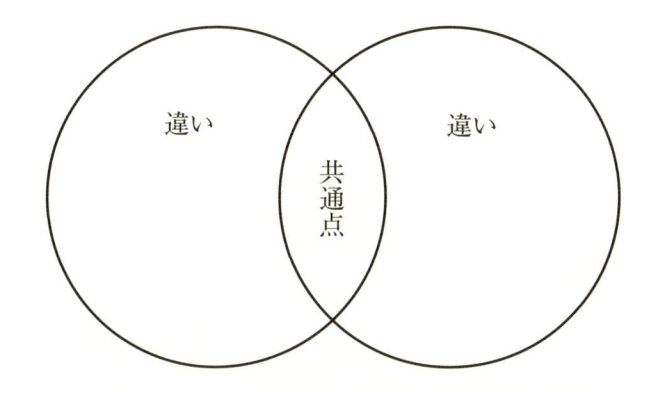

この Venn diagram というのは、英国の論理学者 John Venn の名前からきたものです。日本の方は「ベン図」と聞

くと数学しか思い出さないようですが、アメリカでは、むしろライティングの授業で最初に出会います。

簡単な例を出しておきましょう。「サメとネコ」というテーマだったら、まずこの図を書いて、「違い」と「共通点」を書いておくのです。

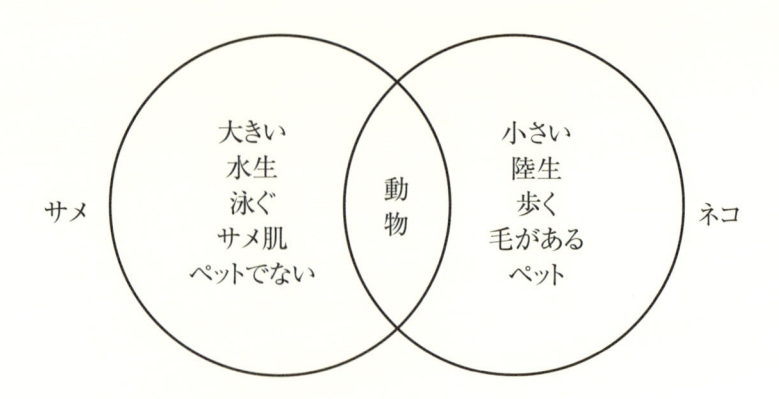

```
         大きい        小さい
         水生          陸生
サメ     泳ぐ   動物   歩く      ネコ
         サメ肌        毛がある
         ペットでない  ペット
```

アメリカの小学生は、このような図を使った focus の作業の仕方を英語の授業で習います。

私が日本人にライティングの指導をしていて感じるのは、日本の学校教育では、「分類」と「分析」という教育がなされていないという点です。

*

次はその「分類」についてです。

英語では、情報の種類により「分ける」ことが大切です。それは、次の章で扱うパラグラフの考え方の基本にもなります。

POINT 1：「現在」と「過去」を分ける

　時制で過去と現在とが混じり合っていたら「分ける」というのも、情報の種類の分類のひとつです。次の日本語を見てください。

> ①久しぶりに伊豆にきたので、祖母の伊豆高原の家のことを思い出します。②祖母の家からは伊豆の海が見渡せて、晴れた日には応接間から大島がよく見えました。③小学校から大学4年ぐらいまでは夏休みや冬休みを何度か過ごしたものです。④今はもう祖母も他界して伊豆高原に行くことはなくなりましたが、伊豆はなつかしいところです。

　日本語で読んでいる限りにおいてはなんの違和感もありません。ところが英語にしようとすると「はて！どうしてか」と考えてしまいます。

　というのは①の文では現在のことを言い、②③は当時の伊豆高原の家の話をしているからです。そして④でまた現在に戻り、今の心境みたいなものを述べています。

　英語では、このように複数の時制が混在するような書き方はしないのです。

POINT 2：「客観的」と「主観的」を分ける

　分類の種類としては「客観的」と「主観的」に分けることも必要です。ひとつの文にこの「客観的」「主観的」の要素がこないということはあとでお話したいと思いますが、これは文章のかたまりをつくる上でも大事な要素です。

> 英会話を習い始めてかれこれ半年経つので、そろそろ英語で話してみたい。

　この例文は、日本文では何の違和感もないはずですが、英語の頭からは主観・客観の情報が混在しています。
　「英会話を半年習っている」ことは客観的事実です。それに対して「英語で話してみたい」というのは今の話者の気持ち、つまり主観的情報です。日本文ではこの2つの情報、異なる情報をひとつにして、しかもここに因果関係までつけています。
　「半年経つので～したい」ということは、英語の頭では、「日本人は英語を半年やると話したくなる」という論理の前提があってはじめて言えることです。何故「半年」なのか、「3カ月」ではいけないのかなどという疑問が起こってしまいます。
　英語の頭でこの文を分類すると、

＊英会話を半年間習っている：**客観的情報**
＊今、自分の英語を試してみたい：**主観的情報**

となるわけです。
　こうした考え方は、英語を考える前、日本語の段階で十分できます。上手に分類ができるようになるということは、英語的論理に近づいたということです。次のような練習をするとよいでしょう。

練習問題

> **1. 次の文章からひとつ他の情報と関係のない部分を選びなさい。**
>
> 　当レストランでは、落ち着いた雰囲気の中、最高級の料理をお楽しみいただけるよう、本場のシェフと厳選された材料をご用意しております。

　この中で「落ち着いた雰囲気の中」というのは、料理そのものとは関係ありませんね。したがって、英語の頭では「最高級の料理をお楽しみいただける」ための「本場のシェフ」と「厳選された材料」ということになります。しかし、日本語の語感では「最高級の料理」と言うだけで、どのような雰囲気で食べるかということまで含まれるようです。どちらがいいという問題ではなく、英語で物事を述べるときは、情報を分けて述べるということです。

> **2. 次の文章は2つの内容について書かれた文が混じっています。内容の違いを読み取り、2つのグループに分けてみましょう。**
>
> (1)
> 1．歌舞伎は、能から多くを取り入れていますが、形式的な能とは大きく違います。
> 2．歌舞伎は、現代の日本で最もよく知られた伝統芸能であり、同時に最も時代の変化に敏感な芸術です。

38　第1章　STRUCTURE

3．初期の歌舞伎は、1人の女性による舞踊でした。
4．歌舞伎は、色鮮やかな衣装と化粧に、豪華な背景、動きなどを大きく誇張した演技が特徴です。
5．歌舞伎は、世襲制をとっている日本の伝統芸能のひとつでありながら、他の演劇のよさも自由に取り入れています。
6．歌舞伎は、後にすべて男性によって演じられるようになりました。

(2)
1．自由の女神建設の費用はフランス国民が寄付し、銅像の台座はアメリカが資金を集めました。
2．自由の女神は1884年フランスからアメリカへ贈られました。
3．自由の女神はニューヨーク湾内のリバティー島に立つ大きな銅像です。
4．自由の女神は、ローブをまとい松明を持った女性の像で、世界で最も大きな銅像に数えられます。
5．自由の女神はフランスの彫刻家バルトルディがデザインし、立てる場所も彼が決めました。
6．自由の女神は、アメリカとフランスの友好のしるしとして、そして両国が共有する自由の象徴として贈られました。
7．自由の女神の正式な名前はLiberty Enlightening the World（世界を照らす女神）と言います。

解答
(1) 観点1：歌舞伎とは：1、2、5。観点2：歌舞伎の演じ方：3、4、6
(2) 観点1：自由の女神とは：3、4、7。観点2：自由の女神建設について：1、2、5、6。

日本語で読むとそんなに違和感がないかもしれませんが、情報を focus すると、2つの種類の情報が混在しています。こういうものの言い方を英語ではしない、ということなのです。

　そして、観点1で1パラグラフ、観点2で1パラグラフの文を書けば、英文らしい英文に近づきます。

　では、そのパラグラフの内容をどう書くべきかを、次章で見てみましょう。

第2章
PARAGRAPH
（パラグラフ）

■原則：ひとつのパラグラフにはひとつの内容を。
　　　　その内容は、パラグラフの最初に明示する。

　私のPLAIN ENGLISH 10 RULES（→第4章）の中にもあるPut one piece of information in one sentence.（ひとつの文にはひとつの情報を）は、文単位の構成について述べたものですが、英語では、もっと大きな文の集まり、つまりパラグラフにおいても理屈は同じです。日本語の「段落」は割とあいまいな区切りですが、英語ではparagraphはひとつのまとまった内容、つまりone topicになっていなくてはなりません。

　この章では、まず英語の「パラグラフ」の基本的な考え方を理解していただき、そのためにどういう訓練が必要かを紹介します。基本的には、前章の最後に出てきた分類法と同じです。

　次に、パラグラフ内でlogicをどう展開するかを述べます。10 Rulesで言えば、Put outline first and then details or specifics.（まず概論を述べてから詳細に入る）に当たります。

2.1
ONE TOPIC FOR ONE PARAGRAPH
（ひとつのパラグラフにはひとつの内容を）

私が最もよく使う英語の辞書 *The World Book Encyclopedia*（現在絶版）には、paragraph はこう定義されています。明解な英語なので、ぜひ英語のまま読んでください。

> **Paragraph is a section of a written work that consists of one or more sentences to function as a unit.**

そして、よい paragraph はこのようであるべきだと説明されています。

> **An effective paragraph must be unified, ordered, and complete. A paragraph is unified when all the sentences contribute to creating a single idea. A paragraph has order when the sentences form a pattern, such as leading from cause to effect or from the general to the particular. A paragraph is complete when the writer brings its idea clearly into focus.**

3つのことが挙げられています。まず unified であること、次に ordered であること、そして complete であることです。

最初の unified の説明が第2文です。ここには、パラグラフのすべてのセンテンスがひとつの idea を構成するための

2.1 ONE TOPIC FOR ONE PARAGRAPH

ものであることが説かれています。このことをここで、one topic for one paragraph と言い換えておきましょう。

次の ordered の説明が第3文です。文章の順序が、ひとつのパターンを形作るとあり、例として、「原因から結果へ」「一般から特殊へ」が挙げられています。order に関しては、次の項で説明します。

最後の文章は complete についてです。前章で詳しく説明した focus を明解にすることです。

ところで、one topic for one paragraph という考え方は、日本人学習者には非常に実践するのが難しいようです。たとえば次の日本文を見てみましょう。

> 昨日は私の誕生日でした。私は赤い花をもらいました。赤い花はとってもきれいでした。しかし、私は赤い花がきらいです。

これは日本語の先生にうかがったところによると、日本語としては少しもおかしくない文章だそうです。しかし、英語の頭で考えるといろいろな要素が入っていることになります。

まず、最初の「昨日は私の誕生日でした。私は赤い花をもらいました」は、いずれも、昨日何が起こったかという事実、つまり what happened を述べている文です。次の「赤い花はとってもきれいでした」というのは、このときの話者の気持ちです。これはこれでまた内容が違います。そして、接続詞の「しかし」の後の「私は赤い花がきらいです」は時間に関係のない話者の「好み」で、いわば普遍的なことを述べています。

つまり、英語の頭で考えれば、この日本語の段落は、3つの異なる内容が同居していることになります。前章のPOINT 1（「現在」と「過去」を分ける）とPOINT 2（「客観的」と「主観的」を分ける）を思い出してください。英語ではこのようなパラグラフの書き方をしてはならないのです。

もしこれを英語で表現するなら、まずは昨日誕生日だったことに関してパーティがあったとか、誰がきたとか、何をもらったとかいう事実だけを述べます。

そうすると、たとえば、

> Yesterday was my birthday. I had a party at home in the afternoon. I invited five friends. They came and gave me presents.

で1パラグラフ、というような展開になります。

「赤い花はとってもきれいでした。しかし、私は赤い花がきらいです」という文脈において、英語の頭で考えると、花がきれいだということと自分の普遍的な好みは逆接ではありません。もうひとつ、この文の問題点は、花がきれいだったという過去時制と、赤い花がきらいであるという現在時制がひとつの文脈に混じっていることです。

英語で one topic for one paragraph ということは、時間的にも過去なら過去、現在なら現在というひとつの時間の枠組みに限らなければなりません。英語で言うならば、Keep the action in one time frame. です。

次の文は子供の作文です。

> I went to my mom, "I need to eat some potato chips." And she goes, "Absolutely not!"

過去時制と現在時制が混じっています。これを正しい英語にすると、

> I asked my mom, "May I have some potato chips?" And she answered "Absolutely not!"

となります。

2.2
THE TOPIC SENTENCE
（トピック・センテンス）

　日本語の段落では、一番言いたいことは段落の一番最後にくるのがふつうですが、英語では最初にそのパラグラフのtopicがきます。

　言い換えれば、パラグラフの一番はじめの文は、そのパラグラフを総括するもの、つまりoutlineがきます。これを修辞学ではthe topic sentenceと呼びます。次の例を見てみましょう。

---

　① Leeches used to be used as medicine.　② A doctor would put several leeches on a patient.　③ The leeches would suck the person's blood.　④ People thought that by sucking the person's blood, the leeches would be taking away the disease.　⑤ This was not a good idea because instead of getting better, people would almost die from losing too much blood, and some did die.

　このパラグラフのtopicは、「ヒルは薬として使われてきた」ということです。そして、①のセンテンスがそれを表すトピック・センテンスとなっています。このように英語では、まず最初に総括して、その後にそれについての具体例や、それを支える、あるいは補完する情報がきます。この、topic sentenceに続く説明の文をdetail sentencesといいます。

② かつて医者は、患者の身体にヒルをつけた。
③ ヒルは人間の血を吸う。
④ 人々は、血を吸われることで、病気も吸い出されると考えたのだ。
⑤ しかし、血を吸われることで命を落とした人もいた。

　実は、上記のパラグラフは、米国の小学校3、4年生の国語の教科書から抜粋したものです。つまり、米国ではこのような文章の書き方を小学校3、4年ですでに学習します。このあたりは日本語の国語教育がまったく行なっていない部分と思われます。

　私が one topic for one paragraph と言っても、日本人の考える「トピック」と、英語の topic には、どうも違いがあるようです。

　英語の topic は、言い換えれば the theme あるいは the main idea of a paragraph です。つまり、ひとつのパラグラフの中のすべての文をつないでいるものです。したがって、そのパラグラフのすべての文は、それからはずれてはいけません。そして、それを表現しているのが the topic sentence というわけです。これが先ほどの *The World Book Encyclopedia* の説明にあった unified ということです。

　こう言っても今ひとつ読者の皆さんにはピンとこないかもしれません。次の文章をご覧ください。いまの「ヒル」の文を日本語にして、英語の paragraph にはない情報を付け足してみました。

> 　ヒルは治療の手段として使われていました。医者は患者の身体に何匹もヒルを這わせ、人の血を吸わせました。ヒルは血を栄養源として生きている、つまり血はヒルにとって食料なのです。ヒルは鋭い歯を持っています。ヒルが血を吸うことで悪い病気も吸い取ってくれると思われていました。ヒルが病気を治すというのは、良い考えとは言えませんでした。ヒルに血を吸われて、逆に具合が悪くなったり、出血多量で死ぬ人もいました。

　いかがですか。日本語で読むと元の英文にはない文が2つ入っていても、あまり全体としてのまとまりにおかしな感じがありませんね。多くの日本人が英文を書くとこのようなパラグラフになりがちです。つまり、日本語の感覚では、どの文もヒルに関連したことなので、これで one topic になってしまいます。

　しかし、英語の one topic つまり theme とは、もっと情報が focus されたものなのです。これが complete ということです。

　ここでは単に「ヒル」について述べているのではありません。「ヒルの用途」が theme なのです。その観点からは、ヒルが何を食料とするかという「ヒルは血を栄養源として〜」の文と、ヒルの形状を表す「ヒルは鋭い歯を持っています」は、この theme には属さない情報です。

　もうひとつ例を見てみましょう。

> ① **Eating fast food is bad for you.** ② **It tastes good, but it is not healthful.** ③ **Reports by consumer advocacy**

> groups show that in many fast-food places basic standards of cleanliness are not being practiced. ④ The levels of salt and fat in fast foods are extremely high.

このパラグラフもある小学生が書いたものですが、ファスト・フードが健康によくないという topic を述べたあと、それに対する supporting evidence を述べています。

② おいしいけれど、健康には良くない。
③ 消費者団体が、清潔の基準が達成されていないことを発表した。
④ 塩分と脂肪分がとても高い。

次はある大企業の株主向けメッセージの冒頭部分です。

《日本語》

> ステークホルダーのみなさまへ
> 　私たち企業を取り巻く社会は、紛争・貧困などによる格差・不平等の拡大、環境問題の深刻化、エネルギー・資源の枯渇問題など、「国境を越えた課題」が山積し、それに伴い、お客さまや社会が私たち企業に期待することも多様化してきています。

《英語》

> **To Our Stakeholders**
>
> **In our society surrounding companies, "transnational**

> challenges" such as growing disparity and unfairness due to conflicts and poverty, aggravating environmental problems, and depletion of energies and resources, are accumulated. In accordance with this, what customers and society expect us to do as one of companies has been diversified.

　元の日本文をそのまま英語にしようとしたためか、文が非常に長くなっています。第1文は全部で29語です。Plain English とは真逆の長文です。

　また英語のパラグラフの観点からは topic sentence が存在しません。

　表現面では In our society surrounding companies は意味をなしません。「会社を取り巻く我々の社会」は日本語でも意味不明だと思います。また growing disparity は理解できますが、unfairness はいまいち何のことかわかりません。

　第2文では society についていた our が取れてただの society になっていますが、これもどうしてなのかわかりません。

　また第2文では関係詞の節の時制は現在形、それを受ける部分では時制が現在完了になっています。これも整合性に欠けます。 one of companies も意味を成しません。

　山積する問題とそれに伴い企業に期待することが多様化するという流れが、英語の頭では理解できません。

2.2 THE TOPIC SENTENCE

《日本語》

> トップコミットメント
> 　世界人口の増加や高齢化、資源・エネルギー需要の増大、地球環境問題など、私たちは、さまざまな社会課題に直面しています。ＸＸＸＸＸは、これらの社会的課題に向き合いながら、「安心・安全・快適な社会」の実現に取り組んでいきます。

《英語》

> **CEO Commitment**
>
> **Our world today faces diverse social issues attendant with population growth, aging societies, fast growing demand for energy and shortages of natural resources, and global environmental problems. XXXXX is determined to actively contribute to solutions to these problems, and to support realization of the safe, secure and comfortable society.**

　これも日本のある大企業の株主向けメッセージの冒頭部分です。

　思考パターンは日本の企業はどこでも同じようです。またくくりが我々あるいは我々の社会というのが同じですね。

　表現上の問題ですが、attendant with 〜 という使い方はありません。ここは including や such as が適切です。

　また第１文の後半に地球環境問題が出てきますが、これも社会問題でくくっていいかは疑問です。

社会の「実現」は realization ではなく、create や build が適切です。

collocation（語と語のつながり）の問題ですが、英語の society に safe や secure や comfortable は使えません。

2.3
ORDER
（展開）

　One topic for one paragraph ということが理解できても、パラグラフ内の文の並べ方、展開がきちんとできていないと、良い英文とはいえません。パラグラフ内の the order of sentences が英文ライティングではとても重要です。

　日本語は、段落内の文章構成においても、英語に比べて order の意識が薄いようです。『日本人の発想、日本語の表現』（中公新書）の中で、森田良行氏は日本語の特徴をこう述べておられます。

> 　日本語では初めに文全体の方向、肯定か否定か、過去か現在か、断定か推量かなどがきちんと決まっているわけではなく、話を進めながら適当に表現内容を選んでいける、文脈に沿って途中でどうにでも変えられる言語である。
>
> 　西欧語の論理性に比べて日本語では、文脈はその折々の内容を飛び石を歩くように次のテーマへと移っていく。内容的に関連する事柄へと移行することもあるが、無関係な事柄へ転換していく場合も結構多い。

　英語はこの日本語の特徴とはまったく異なります。その意味では自由度の少ない言語かもしれません。

　英文のパラグラフにおいては、あるひとつのテーマについて書かれた文をまず topic sentence で表現します。その後に

は、その topic sentence を受けて展開した detail sentence がきます。その次にくる文は、またその前の文を受けて展開しています。このように、パラグラフ内の文がすべてがっちり連結していなくてはなりません。別の言葉でいえば、**consistency**、あるいは **coherence** がなくてはなりません。

　日本語はある文を述べて、その文については言及、展開をせずに次の文へ移れますが、英文ライティングではそうしてはならないのです。

　実際の例で見てみましょう。今や、インターネット・ショッピングが、米国だけでなく日本でもふつうのこととなりつつありますが、日米を問わず消費者情報の機密性・安全性が心配です。そのことについて触れた日本の文章と米国の文章を比べてください（読みやすいように、1文ずつ改行にしてあります）。

　XXXX.com をいつもご利用いただきありがとうございます。
　XXXX.com は現在330万人の方にご利用されている日本最大のインターネット・ショッピング・モールです。
　すべての XXXX.com の会員の方はクレジットカードでお買い物の決済をなさっています。
　万が一あなた以外の方があなたのクレジットカードの番号で買い物をなさったとしても、XXXX.com ではあなたにはご請求はいたしませんので、安心して安くいいものが手に入る XXXX.com をご利用ください。

　日本語は、例によってまず客へのお礼から始まります。その次はこの会社はどれだけの会社かという話です。ここでも

う、英語の頭にとっては、coherence がなくなっています。そして会員の支払方法、最後にこのパラグラフで一番言いたいことである「安全性」について述べています。

日本語では、文それぞれが別の内容でも異和感はないはずです。しかし英語では、このような展開ができません。

繰り返しになりますが、最初で触れたように、日本語では一番大事なこと、一番言いたいことが最後にきています。

では、英語のサイトにあったものを見てみましょう。番号は、引用した私が振ったものです。

---

① ×××.com Safe Shopping Guarantee protects you while you shop at ×××.com, so that you never have to worry about credit card safety. Period.

② We guarantee that every transaction you make at ×××.com will be 100% safe.

③ This means you pay nothing if unauthorized charges are made to your card as a result of shopping at ×××.com.

④ Plus, you'll be one of over 4.5 million customers who have safely shopped with us without credit card fraud.

⑤ If you feel more comfortable, you can always call in your credit card after you have fully submitted your order.

---

theme は安全性です。英語で書くときにはパラグラフの冒頭に topic sentence がきます。この topic sentence は前述

のように theme を 1 文で言い表すことができるものです。

　ここで theme が「安全性」なので、topic sentence である①では「どのようにあなたの権利が守られるか」を述べています。topic sentence は、そこでこの文章が終わったとしても「言いたいことは言った」といえるものでなければいけません。

　①の後半、so that you never have to worry about credit card safety. Period. の部分は、「クレジットカードの安全性については心配する必要はありません」ということです。

　次にこの内容をさらに納得させるようにくるのが detail sentences、つまり「展開部」の文、②③④です。

　② We guarantee that every transaction you make at ×××. com will be 100% safe. で「100 パーセント安全だ」ということを保証しています。そしてその保証の内容がきます。それが、③ This means you pay nothing if unauthorized charges are made to your card as a result of shopping at ×××. com. の文です。これは、さきほどの日本語のサイトの「万が一あなた以外の方があなたのクレジットカードの番号で買い物をなさったとしても、×××. com ではあなたにはご請求はいたしません」の部分に当たります。

　次の④では guarantee についての仔細になります。Plus, you'll be one of over 4.5 million customers who have safely shopped with us without credit card fraud. は「今までに 4500 万人が問題なくクレジット・カードで買い物をしている」ということです。

　このように、英語で文章を書くときには、theme を決め

たら、まずその内容を伝える topic sentence をもってきます。そして topic sentence を支える detail sentences がくるということです。

　これは PLAIN ENGLISH 10 RULES の Put outline first and then details or specifics. に当たります。

　それでは、読者のみなさんも、文展開の練習をやってみてください。

練習問題
次のそれぞれの文に順番をつけてください。

Exercise 1
テーマ：みかんの栽培
1. 次に、園芸用の土を入れた入れ物に1インチ間隔で種を植えます。
2. そうすれば、2〜3週間でみかんの種は芽を出します。
3. まず、これからはみかんを食べたら種をとっておいてください。
4. 土をかぶせて水をやります。
5. みかん作りはいたって簡単です。
6. 日向に置いて、土が乾かないようにします。

　正解　5−3−1−4−6−2

　これはみかんの栽培についてです。テーマを総括している文は、ここでは5しかありません。まず topic sentence として5がきます。

　次は具体的な方法になりますが、種がなければ話にならな

いので、まず種のことが述べてある3ですね。

その次はその種を入れる器が必要です。当然1になります。次の展開は器についてのさらなる記述ですから4です。次はその器をどこに設置するかですから6です。最後はそうやって植えたものの結果ですから2です。

この文章はものごとの手順を述べているので、ここでのorder は chronological、つまり時間的に推移しているともいえます。

Exercise 2
テーマ：インターネット
1. インターネットは政府機関や役所、大学、研究所、企業、個人、学校を結んでいる。
2. インターネットには、世界の出来事、スポーツ、映画、テレビ番組などのニュースや、宿題やレポートの参考になる情報、さらに料理のレシピやコツといった情報まで公開されている。
3. インターネットと呼ばれる世界最大のコンピュータネットワークを通して、世界中の人々が互いに通信できる。
4. ワールドワイドウェブ、略して WWW はインターネットの一部で、言葉だけでなく画像や音声まで送ることができる。
5. コンピュータをインターネットに接続すると、E メールのやりとりをしたり、ソフトウエアをコピーしたり、いろいろなゲームを楽しんだり、多種多様な情報を得ることができる。

正解　3—1—5—2—4

まずはインターネットは何かということを端的に表している文、つまり topic sentence を探します。これに合うのは3

しかありません。

次の文は、topic sentence でネットワークのことに言及していますから、そのネットワークのことについて述べている文を探すと1になります。

ネットワークの概略がわかったので、今度はそのネットで何ができるかを述べる文がくるべきです。つまり5です。

次は5で「多種多様な情報」と言っているので、もう少しそれを詳しく展開した文を探します。2ですね。

最後はいわば additional information です。

この order でも、前述の coherence があることがおわかりいただけたでしょうか。

Exercise 3
テーマ：博物館
1. 歴史野外博物館では日光江戸村などが有名です。
2. 楽しみながら新しい事柄を知るには、博物館はかっこうの場所です。
3. このような博物館を歴史野外博物館といいます。
4. 子供向けの博物館のようにいろいろなジャンルの展示が見られる博物館もあれば、ひとつのジャンルについて様々なことが学べる博物館もあります。
5. ひとつの村になっていて、昔の人々やその生活を知ることができる博物館もあります。

正解　2—4—5—3—1

まず、博物館について総括している文は2です。2が topic sentence となります。

次にその博物館を、もう少し詳しく、どのようなものがあるかを説明した文が4です。さらにそれを展開したものが5です。5を受けているのが3ですね。そしてこの3の具体例が1ということになります。

The World Book Encyclopedia の説明にあった from the general to the particular に近いものです。

第３章
SENTENCE
（文）

■原則：Ｓ＋Ｖ＋Ｏで書いてみる。

　英語の一番基本的な構文であるＳ＋Ｖ＋Ｏ、言い換えると、Somebody does something. は、もっともインパクトのある表現方法です。
　Ｓ（subject）とは動作を起こす人やもの、Ｖ（verb）はその動作、つまり「subjectが何をするか」を表します。そして、Ｏ（object）はverbの動作を受けるものを表します。
　行為を起こすものがあり、次にその行為が何であるかが示され、最後にその行為を受けるものがきます。これが英語の自然な力関係なのです。
　この章では、この構文を優先して使えるようになるための練習をしましょう。

3.1
SOMEBODY DOES SOMETHING
（何が、何をする、何に）

　人間の一番大事な行為のひとつである「愛の告白」に、日本語と英語の違いが浮き彫りにされています。日本人が好きな女性に愛を告白するときは、ふつうは「愛してる」と言うはずです。この文は、英語の頭で考えれば、主語もなければ目的語もありません。しかし、日本語ではきわめて自然な言い回しですね。

　英語では、みなさんよくご存知のように I love you. となるわけです。つまり SVO の形です。

　もちろん、行為を受けるものに非常に重点があるような場合は受身も結構ですが、ふつうはなるべく能動態を使うようにしましょう。

　たとえば、話が少しややこしくなると、日本語的発想で受動態を使ってしまう人が多いようです。そんな場合によく使われる英語に It is said that … という構文があります。教科書によく出てくるようですが、これはわざわざ受動態にする必要はありません。People say that … とすれば、文がとても生き生きしてきます。

　また、be 動詞を含む文もなるべく使わないようにすることです。現代英語では、be 動詞は動詞の中でも語の持つインパクトが一番弱く、文の liveliness（生き生きした感じ）を失わせてしまいます。ですから、できるかぎり能動態を使っ

て表現してください。

それでは多くの日本人が be 動詞を使って表現しがちな文を見てみましょう。

次の日本文をどう表現しますか。

> 私は寝不足です。

典型的な答え

I am short of sleep.

もちろん、これで英文として間違いではありませんが、日本語で「寝不足」と言うときはふつう、前日あまり寝なかったということですね。そうすると次のように be 動詞を使わずに表現できます。

I didn't get much sleep last night.

> 私は ABC の社員です。

典型的な答え

I am an employee of ABC.

これも間違いではありませんが、ふつう、英語が母語の人が、どこどこの社員だと言うときは employee などという表現は使わず、次のように言うでしょう。

I work for ABC.

> 彼は高校生です。

典型的な答え

He is a high school student.

上の日本文を日本の学生に英訳させると、99％がbe動詞を使って表現します。もちろん、これで英語として間違いではありませんが、be動詞を使わずに次のように表現できます。

He goes to high school.

このように現在形で表現すると普遍的な事柄を表すので、彼の今の状態が高校生だということになります。

もう少し難しい文にも挑戦してみましょう。
次の英文をbe動詞を使わずに表現するとどうなりますか。

> **This is more important than that.**

これは2つの重要性を比べて、どちらかがより重要だと言っていますね。このように2つを比較するとき、be動詞と比較級を使わなくても、out + verbで表現できます。上の文は重要性を述べているので、outweighで表現できます。

This outweighs that.

もし比較の対象が数ならば、outnumber を使って、This outnumbers that. となります。これは、This is more than that. と同じ意味です。この他にも outrun、outdo などがあります。ぜひ辞書で調べてみてください。

次の英文はどうでしょう。

> **It was necessary to terminate the search.**

いかにも日本の学習者が表現しそうな文ですが、この文のアイディアは、「調査をやめる」ということですね。だとすると、次のように言えてしまいます。

I decided to stop looking.

こちらのほうが、英語が母語の人ならまず思い浮かぶ文です。

INTRODUCTION で触れた川端康成の文章のように、日本語では主語はあまり大切ではありません。しかし、英語では文の構造上いちばん大事なものは主語です。主語によってその文の性格が決まります。次の2つの英文を見てください。

a） Everybody in the class speaks two languages.
b） Two languages are spoken by everybody in the class.

みなさんはこの2つの文が同じことを意味していると思わ

れますか。実は、この2つの文は意味が異なるのです。

a) は「クラスの誰もが2つの異なる言語を話す」のです。もう少し具体的に言うと、その話す2つの言語は人によって違うわけです。つまり、ある人は日本語と英語、ある人は英語と中国語というように。

b) の文は「2つの言語がクラス全員によって話される」、つまり、あらかじめ2つの言語は、たとえば日本語と英語と決まっていて、その2つの言語をクラス全員が話すわけです。

それではもう少し練習問題をやってみましょう。次の日本文を英語にしてみてください。

> この痛さには耐えられない。

日本の参考書の答え

This pain is more than I can stand.

文法的には合っていますが、痛みを感じているのは話者自身ですから、このような回りくどい言い方をせずに次のように言えてしまいます。

I can't stand this pain.

> 私の財布にはほとんどお金が残っていません。

3.1 SOMEBODY DOES SOMETHING 67

参考書の答え

There is little money left in my wallet.

これも学校でやる構文としては正解ですが、いま自分の手元にお金がほとんどないということです。だとしたら、there is で文を始めるより「私」を主語にもってきましょう。

I have little money (left) in my wallet.

> 私にはその仕事を1時間で終えるのは不可能です。

参考書の答え

It is impossible for me to finish the work in an hour.

これも構文としては正解ですが、英語が母語の人ならおそらくこのような表現はしないでしょう。「不可能」というと機械的に impossible とする、日本語と英語を一対一で対応させる習慣はそろそろやめましょう。要するに、私が1時間で終えられないということですね。そうすると、次のように表現できます。

I can't finish the work in an hour.

> 時間どおりに京都に着くのは難しいだろう。

参考書の答え

It will be difficult to reach Kyoto on time.

　これも構文としては正解ですが、要するに当事者が時間どおりに京都に着けないということですね。そうであれば、話している相手か自分かわかりませんが、その当事者を主語にもってきましょう。

I can't make Kyoto on time.

その少女が助けを求めて叫ぶのを聞いた。

参考書の答え

The girl was heard to call for help.

　これも文法的には間違いではありませんが、実際の場面ではこのように表現することはまずありません。日本語特有の、「誰が」聞いたかという部分が抜けた文です。聞いたのが「私」だとしたら、次のように表現してください。受動態を使う必要はありません。

I heard the girl call for help.

次の文も同様です。

昨日、駅でイギリス人に話しかけられた。

参考書の答え

I was spoken to by an Englishman at the station yesterday.

誰が誰にという関係ははっきり出ていますが、このような場合も受動態で表現することはまずありません。

An Englishman spoke to me at the station yesterday.

となります。

> あの店では塩を売っていますか。

参考書の答え

Is salt sold at that store?

これも日本の教科書にはよく出てきそうな文ですが、実際の場面では能動態で表現します。

Do they sell salt at that store?

あるいは、塩が買えるか買えないかという観点ならば、

Can we get salt at that store?

となります。

> 彼は友達に尊敬されている。

参考書の答え

He is looked up to by his friends.

この文も文法的には合っていますが、ふつうはこのような言い方はせず、能動態で表現します。

His friends look up to him.

> これは彼女のお手製の料理です。

参考書の答え

These are the dishes of her own cooking.

この文はbe動詞を使う使わないということよりも、まずdishes of her own cookingが問題です。このような表現は英語にはありません。この日本文もS + V + Oで表現できます。

She has cooked these.

> 東京には大きな庭のある家はめったにない。

参考書の答え

There is scarcely a home in Tokyo with a large garden.

3.1 SOMEBODY DOES SOMETHING 71

この文も、家を所有しているのは人ですから主語に「東京の人」をもってくれば、be 動詞を使わなくても表現できます。home は「家屋」というより「家庭」なので、house のほうが適当です。

Few people in Tokyo have a house with a large garden.

私は昔とは違う。

参考書の答え

I am not what I used to be.

この文は一見正しそうですが、時制で考えれば「今の私」と「過去の私」が同じはずはないので、意味を成しません。「私は昔とは違う」ということは「変わった」ということなので、be 動詞を使わず、そのように表現してみましょう。

I have changed.

パーティに来たい人は誰でも来てください。

参考書の答え

Whoever wants to come to my party may come.

この文も文法的には合っていますが、こんなことを招待

状に書く人はまずいないでしょう。日本人は、助動詞の使い方がかなりアブナイ場合がよくあります。この文だと招待している人が「来てもよい」と許可している感じがするので、非常に偉そうな感じがします。まず、来てくれということを促すために、命令文で表現し、どのような人が対象かということを、別の文で表現します。

Please come and join the party. Everybody is welcome.

ここでちょっとひと休み。いま、助動詞を使った英文の危険について述べましたが、一般的に言って、日本人は助動詞を使いすぎるようです。そのため、自分では丁寧な言い方をしたつもりなのに、相手には失礼な感じを与えることがあります。

たとえば、「日本語ができますか」を、
・Can you speak Japanese?
とすると、相手の能力をたずねている感じでとても失礼です。このような場合は、日本語を話すかどうかという事実を知りたいだけですから、助動詞を用いずに、
・Do you speak Japanese?
と言えばよいのです。これなら、単に事実をたずねているだけなので、相手に対して失礼にはなりません。

同じように「お刺身大丈夫ですか」と言うつもりで日本人が必ず外国人にする質問、
・Can you eat raw fish?
もやめてください。私はこう聞かれると、

・Yes, I can. You can't?
・Isn't this edible?

と聞き返したりします。生の魚を「食べられるか」と聞かれれば、「食用」ですから「食べられます」。しかし、ある人々は、ふつうは食べないのです。日本人同士で「トンカツ食べられますか」という質問をするでしょうか。

このような場合も、習慣として、あるいは好みとして、食べるかどうかをたずねる聞き方、

・Do you eat raw fish?
・Do you like raw fish?

とすれば、相手に対して失礼ではありません。

人を誘う場合、

・Can you come?

と言われると、日本人としては丁寧にたずねているつもりでも、逆に断わりにくくなります。「あなたも来る？」という感じなら、

・Do you want to come along?

のほうが、相手としては断りやすいので、親切です。

助動詞は慎重に使ってください。

では、練習に戻りましょう。

> 彼が来るか来ないかは、私にはどうでもよいことだ。

参考書の答え

It makes no difference to me whether he comes or not.

文法的には合っていますが、彼が来るか来ないか「私には」どうでもよい、ということなので、「私」を主語に持ってきましょう。

「どうでもよいことだ」は、make no difference よりは don't care を使うと、より感じが出ます。

I don't care whether he comes or not.

> 彼は天才と言っても過言ではない。

参考書の答え

It is not too much to say that he is a genius.

It is not too much to say =「... しても過言ではない」というパターンで覚えるのかもしれませんが、英語圏ではこのような言い方はしません。実際に天才なら、そのままの事実として He is a genius. だけでも十分です。もし、それが「私の意見である」ということを出したいなら、この事実の前に、I say、I can say、または I would say などを付けて言ってください。

I would say he is a genius.

> 私は昨日病気で学校を休みました。

参考書の答え

I was absent from school yesterday because I was sick.

be absent from も日本の学校では必ず教えるようですが、実際の場面では使われません。学校を休んだということは、病気で家にいたということですから、英語ではそのように表現します。

I stayed home yesterday because I was sick.

> それをどう処理したらよいか困り果てています。

参考書の答え

I am at a loss what to do with it.

be at a loss は、これだけで「途方にくれている」という意味なので、後ろに語句がくることはあまりありません。この場合も be 動詞を使わず S + V + O の形で表現できます。

I don't know what to do with it.

次に、ビジネス英語の本などによく載っている文を見てみましょう。

Please be advised that the replacement must be sent within a period of two weeks.

50年前は確かにこのような表現もありましたが、今は be advised などとは言いません。これももっと簡潔に（S +）V + O の形で表現すると

Please send a replacement within two weeks.

となります。

> **大丈夫だよ。よくなるよ。**

このような場合、日本語では何が「よくなる」のかという主語がなくても文が成り立ちますが、英語では「何が」ということを述べる必要があります。そこで、全般的な状況を表す things を使います。

Don't worry. Things are getting better.

> **クリスマスが近づくとあわただしくなります。**

日本語では何が「あわただしくなる」のか、主語がなくても文が成り立ちますが、英語では「何が」の部分を言わなければなりません。前文と同様、全般的な状況を表す things を用いれば日本語の意味するところが表現できます。

Things are getting busy as Christmas is near.

第4章
WORD
（単語）

■原則：長い単語より短い単語を。
　　　　凝った単語より慣れた単語を。
　　　　抽象的な単語より具体的なものを。
　　　　余計な単語は使わない。

　構成、パラグラフ、文に続いて、単語について考えます。
　上に挙げた4つの原則は、私のPLAIN ENGLISH 10 RULESの1から4です。
　この章では、ここまで説明したことの復習も兼ねて、まず、私が今までの著書でずっと提唱してきた、PLAIN ENGLISH 10 RULESについて、簡単に説明しておきます（同じルールの説明なので、他の本で書いた内容と重なっていることをお断りしておきます）。
　そのあとで、単語レベルのPlain Englishを、具体的にリストの形でお見せします。みなさんも、このような単語を使って表現してほしいと思います。

4.1
PLAIN ENGLISH 10 RULES
(プレイン・イングリッシュ 10 のルール)

　最初の1から4が、単語・語句に関するルールです。順に説明していきましょう。

1. **Prefer the short word to the long.**
   (長い単語より短い単語を)
2. **Prefer the familiar word to the fancy.**
   (凝った単語より慣れた単語を)

　1と2は共通する場合が多いので、ある意味では重なります。fancy な語は概して long だからです。たとえば、気取った言い方をすると、rooms は accommodations となり、about は approximately となります。あるいは begin を凝った言い方にすれば commence になるという具合に、かっこよく凝った単語は長く、逆に慣れ親しんだ語は短いことが多いものです。しかし、これからは努めて短い普通の単語を使うよう心がけてください。

　英語は長い単語より短い単語を使うほうが、文章にリズムが出て表現が生き生きとしてきます。かっこよくて凝った語を使うより慣れ親しんだ語を使うほうがわかりやすく、すんなりと耳や目に飛び込んで、言いたいことが伝わりやすくなります。日本人は、英語の発音においてもハンディがあるわけですから、発音しやすい単語を優先しましょう。

たとえば、endeavor、indicate、facilitate などといった語を使うほうがかっこよく感じるかもしれませんが、endeavor なら try、indicate なら show や tell、facilitate なら ease や help で十分です。

3. Prefer the specific word to the abstract.
（抽象的な単語より具体的なものを）

　日本では、はっきり物事を言わないのが美徳とされてきました。しかし、それを「美徳」と解釈してくれるのは、日本に詳しい一部の人だけです。日本語の感覚で物事をあいまいに言うと、なかなか自分の言いたいことが伝わらないのがふつうです。あいまいで抽象的な表現は避け、はっきりと具体的に言うことを心がけましょう。

　たとえば、なぜか日本人は remarkable という語を好んで使うようですが、この remarkable は意味があいまいで、具体的に何を言いたいのかがはっきりしません。次の例を見てみましょう。

・He is a remarkable person.

「彼はすばらしい」という意味でこう言うのでしょうが、もっと具体的にどうすばらしいのかを言う必要があります。たとえば、

・He is a language genius. He speaks five languages.

のように言ってください。

　ものの大小長短を表す語も同様です。たとえば He is tall. と言うだけでは釈然としません。He stands six feet four. などと言って、tall かどうかは相手に判断させればよいのです。

4. Use no more words than necessary to make your meaning clear.
　（余計な単語は使わない）

　必要のない単語を省きます。次の例を見てください。

・end result / lonely hermit / exact counterpart / original founder / future plan / organic life / end product / mutual cooperation / complete monopoly / general public / true facts / personal friend

　みなさんはあまり違和感なく読まれたかもしれません。しかし、これらの名詞句の中の形容詞、つまり修飾語はどれも余分です。その修飾語の意味が、それぞれの名詞自体にすでに含まれているからです。

　result は何かの終わった状態を指すので元々 end です。plan と言えばこれから先のことなので当然 future を含んでいます。同様に public はそもそも general です。mutual でない cooperation はありません。life とは organic なものであるし、complete だから monopoly なのです。

　ここに示した名詞句は、どれもネイティブ・スピーカーが書いたものです。ネイティブだから Plain English が書ける、と思ったら大間違いということです。

　たとえば、企業のキャッチコピーなどで for good health や for better health という表現をよく目にします。でも、health は the state of being physically and mentally health（肉体的にも精神的にも健康な状態）という意味なので、good や better は余計です。

　余計な語を使わないようにするためには、ある単語を使う

前にその語のもっている意味概念の範囲を辞書で確認するように努めることが大切です。

5から7は、構文についてのルールです。

5. Use the active voice whenever possible.
（できるだけ能動態を使う）

第3章でも書いたことですが、改めて強調しておきましょう。

日本語では「〜される」という言い方をよく目にし耳にしますが、日本語を英語にするときに、このことが問題になることがしばしばあります。

英語ではできるだけ能動態を使ってください。たとえば The town was hit by the typhoon. と The typhoon hit the town. を比べた場合、どちらがインパクトが大きいかおわかりでしょう。

ただし、物事をあまりはっきり言いたくないときは、英語でも受動態になってしまうようで、アメリカの政治家も、はっきり言いたくないときは受身をよく使います。あのウォーターゲート事件のころなど、そうした言い方が多用されました。

6. Use verbs. Put verbs in action.
（動詞を生かす）

5と関連していますが、積極的に動詞を使い、動詞を生かそう、ということです。

英米人でも、動詞1語で済むところをわざわざ動詞＋名詞の組み合わせで表現しようとする人が大勢います。英語が母語の人でも、いまだにこのような言い方のほうがいいと勘違いしている人がいるのです。私たち Plain English を提唱している者は、そういう人のことを the noun plague（名詞病）と呼んでいます。

たとえば、英米人の中にも好んで determine the truth of ～（～の信憑性を決める）という句を使う人がいますが、これは verify 1語で十分です。みなさんのよく使う take into consideration も consider の1語で言い表せます。

このような動詞の使い方の良い例が、英米の広告コピーです。広告文では動詞をうまく活用して文にメリハリを与え、誰が見ても理解できるものになっています。次の例を見てください。自動車の Dodge の Minivan の広告です。

・Save now with the most popular options on the most popular minivan.

日本語にすれば、「今なら一番人気のミニバンが一番人気のオプションでさらにお得」といった感じです。

7. When possible, express even a negative in positive form.
（できるだけ否定形を避ける）

日本人が否定文で遠回しに言いたいところでも、英語で言うときにはとにかく肯定文で述べることが大切です。それが英語話者のメンタリティです。

たとえば、He does not listen to me. と言うよりも、He

ignores me. のほうがインパクトがあります。もちろん、どうしても遠回しに言いたいときには当然、He does not listen to me. のほうがソフトに聞こえます。

同じように not patient よりは impatient、do not like よりは hate を使ったほうが、直接的で明快になります。

相手にとっては、「〜でない」より「〜である」と言われるほうが、インパクトがあってずっとわかりやすいのです。たとえ「〜でない」という否定の内容であっても、できるかぎり肯定文で表現するように心がけてください。

8からは文の構成とロジックについてのルールです。したがって、第1章、第2章で説明したことが含まれます。

8. Put one piece of information in one sentence.
(ひとつの文にはひとつの情報を)

ひとつのセンテンスに、あれこれとたくさんの情報を詰め込まないようにします。

日本人の英語は関係代名詞などの難しい構文をたくさん使って、いろいろなことを一度に言おうとする傾向があるようです。しかし、これはただ文をわかりにくくしているだけです。

極端なようですが、みなさんが英語を話すとき、あるいは書くときには、関係代名詞は使わないようにしてください。ひとつの文には情報はひとつにおさえるようにしましょう。

たとえば、次の文を見てください。

・Rick is a good-looking math teacher.

（リックはカッコイイ数学の先生です）

翻訳会社などにいる英語が母語のいわゆるチェッカーでも、これはこのまま通してしまうでしょう。しかし実際に英語を母語とする人々が話すときは、こうは言いません。こんな短い文にも英語的に考えると 2 種類の情報が入っていて、本来は文を 2 つに分けるべきだからです。

この文には修飾語が 2 つあります。good-looking と math です。

math は、何の教科の先生であるかを明らかにするものです。つまり「数学の先生」であるという事実を述べています。このように事実を定義する修飾語を defining と言います。

これに対し、good-looking は話者の主観を込めた表現です。こういう主観による修飾語を commenting と言います。

defining と commenting の 2 種類の要素をひとつの文に入れてはいけません。これは Plain English だけでなく、ジャーナリズムの鉄則でもあります。情報はいつも事実とコメントに分けて述べるようにしてください。

前述の文をこの鉄則にしたがって書きかえると、

・Rick is a math teacher. He is good-looking.

となります。

一般に、日本語のニュースはコメントと事実が入り混じっていることが多いようです。たとえば、口癖のように「50 人の命を奪った悲惨な事故」などと報道されます。50 人もの命が一度に奪われたのなら悲惨でないわけがありません。本来、報道というものは自分のコメントは避けるべきです。このような情報を英語で述べる場合は、50 人の命が奪われ

たこと、つまり事実を明確に伝えて、あとは読者や聞き手がどう思うかにまかせればよいのです。

9. Put outline first and then details or specifics.
（まず概論を述べてから詳細に入る）

英語の文章では、最初の文を読めばそれが何についての話なのかわかります。それは、outline を最初に述べるからです。

outline はジャーナリズムでは lead と呼ばれています。英語ではまず What happens. が大切です。何が起こるかを述べ、それから、もっと詳しく具体的に説明していきます。そうすれば、何を話そうとしているのかが初めからわかるので、相手も内容を理解しやすくなります。

日本語の場合は、「これこれこういうわけで」と、まず状況説明をして、最後に「だからこうです」となります。この「だからこうです」の部分を、英語では先にもってくるのです。

10. State cause and effect.
（原因・結果をはっきり述べる）

英語では常に cause（原因・理由）とその effect（結果・言いたいこと）の両方を述べなければなりません。日本人はこのロジックに気づかないことが多いのです。日本的文化では、理由しか言わなくても相手がその先の effect を察してくれるからです。

たとえば、喫茶店などで、自分のところに水がこない場合「お水がないんですけど」と言えば、相手が日本人なら言いたいことはわかってもらえるでしょう。しかし、これでは単

に状況を述べているだけで、肝心のあなたの要求が示されていません。

・I don't have a glass of water.

と言っても、英語では相手にあなたが言わんとすることは伝わらないのです。中には察してくれる親切な人もいるかもしれませんが、意地悪な人なら So what? と切り返してもおかしくない、つまり、相手に So what? と思わせる言い方だ、ということです。

　英語のロジックでは、

・Please give me a glass of water (because I don't have one).

と言わなければならないのです。

　このように、日本語では、こちらの言わんとする部分を相手が補って察してくれるので、英語でもこの論理を当てはめようとする日本人が多いようです。そして、そのために誤解を生じている例も少なくないはずです。英語では言いたいことははっきり言葉に出して言わなければ、相手にわかってもらえません。So what? と思わせない言い方、これをいつも肝に銘じておいてください。

4.2
SHORT WORDS
(短い単語)

10 rules の1から4を適用して、具体的に big word を Plain English で表現するとどうなるかを見てみましょう。

下のリストでは右側が Plain English になります。

1.	abandon	**give up, leave**	あきらめる、見捨てる
2.	accommodations	**rooms**	宿泊設備
3.	accomplish	**do**	達成する
4.	accordingly	**so, therefore**	それゆえに
5.	acquire	**get**	取得する
6.	adjacent	**next**	近接した
7.	alter	**change**	変更する
8.	alternative	**choice**	選択肢
9.	ambivalence	**mixed feelings**	矛盾した精神状態
10.	antipathy	**dislike**	反感
11.	appropriate (*a.*)	**proper**	適切な
12.	ascertain	**find, make sure**	確かめる
13.	assistance	**help**	援助
14.	attempt	**try**	試みる
15.	beckon	**call (for)**	合図して招く
16.	bestow	**give**	授与する
17.	bona fide	**real**	真正の
18.	burgeon	**grow, spread, sprout**	芽生える
19.	cease	**stop**	終える
20.	characterize	**call**	特性を記述する

21.	clad	**dressed**	装った
22.	commence	**begin, start**	開始する
23.	comply with	**follow**	従う
24.	conceive	**think, imagine**	考える、想像する
25.	concept	**idea**	概念
26.	consequently	**so**	それゆえに
27.	deceased	**dead, died**	死去した
28.	decrease	**cut, fall, drop**	減少する
29.	demise	**death**	崩御
30.	descend	**go down**	下降する
31.	designate	**name, call**	指名する、称する
32.	deteriorate	**get worse, decline**	劣化させる
33.	directive	**order**	指令
34.	discrepancy	**difference**	食い違い
35.	domicile	**home**	住居
36.	dwelling	**house**	居住の場所
37.	echelon	**rank**	部隊の編成配置
38.	elapse	**go by**	時が経過する
39.	eliminate	**get rid of, do away with, drop, stop, end** 削除する	
40.	emphasize	**stress**	強調する
41.	endeavor	**try**	努力する
42.	enhance	**heighten, increase**	向上させる
43.	envisage	**foresee, see, imagine, consider** 予見・構想する	
44.	eradicate	**wipe out**	撲滅する
45.	evidently	**clearly, of course**	明白に
46.	exacerbate	**sharpen, make worse, irritate** 悪化する、憤激させる	

4.2 SHORT WORDS

47.	exhibit	show	示す、陳列する
48.	extend	give	述べる
49.	facilitate	ease, help	容易にする、促進する
50.	foe	enemy	敵対者
51.	fundamental	real, basic	基礎の、基本の
52.	gainsay	deny	否定する
53.	harbinger	sign, omen	前触れ
54.	hence	therefore	このゆえに
55.	identical	same	同一の
56.	identity	personality, self	アイデンティティ
57.	ideology	idea(s)	イデオロギー
58.	impair	weaken, damage, hurt	価値を減じる
59.	impetus	push	起動力
60.	implement	carry out, set up, introduce	履行する
61.	inaugurate	begin, start	幕を切って落とす
62.	initiate	start, begin	始める
63.	institute (v.)	set up, start	創設する
64.	lethal	deadly, fatal	致命的な
65.	materialize	work out, turn out, come up	実体化する
66.	motivate	cause	動機づける
67.	objective (n.)	aim	目標
68.	ongoing	active, constant	進行中の
69.	outcome	result	成果
70.	palpable	obvious, clear	明白な
71.	paradigm	model	範例
72.	phenomenon	thing, fact	現象
73.	philosophy	idea	理念

74.	principal (*a.*)	**main, chief**	主要な
75.	procure	**get**	獲得する
76.	remittance	**payment, money**	送金
77.	stem (*v.*)	**come**	生ずる
78.	substantiate	**prove, back up**	実体化する
79.	sufficient	**enough**	十分な
80.	sustain	**suffer**	こうむる
81.	terminate	**end**	終わらせる
82.	transmit	**send**	送る
83.	underprivileged	**poor**	恵まれない
84.	upgrade	**improve**	質を上げる
85.	virtually	**almost**	事実上
86.	visualize	**see, imagine, think of**	思い浮かべる
87.	voice (*v.*)	**express, give**	声に出す
88.	whereas	**while**	〜に対して
89.	whence	**where**	どこに

*

1〜4のルールは前置詞句についても当てはまります。

90.	as to 〜	**about 〜**	〜について
91.	for the purpose of 〜	**for 〜**	〜の目的で
92.	for the reason that 〜	**since 〜 , because 〜**	〜という理由で
93.	from the point of 〜 , view of 〜	**for 〜**	〜の見地から
94.	inasmuch as 〜	**since 〜 , because 〜**	〜だから
95.	in favor of 〜	**for 〜**	〜に賛成して
96.	in order to 〜	**to 〜**	〜するために
97.	in accordance with 〜	**by 〜 , under 〜**	〜に従って
98.	in the case of 〜	**if 〜**	〜の場合には

99.	in the nature of ~	**like ~**	～の性質を帯びた
100.	in terms of ~	**in ~**	～の言葉で
101.	on the basis of ~	**by ~**	～という根拠で
102.	with a view to ~	**to ~**	～するために
103.	with regard to ~	**about ~**	～に関しては
104.	on the grounds that ~	**since ~, because ~**	～の理由で
105.	in addition to ~	**besides ~**	～に加えて

*

　また、以下のリストのように、日本人が好んで用いる左側の連結詞も、右側のように簡単にするか、あるいは省略することができます。

106.	accordingly	**so**	それゆえに
107.	consequently	**so**	その結果として
108.	furthermore	**then**	それから
109.	hence	**so**	これゆえに
110.	likewise	**and, also**	同様に
111.	moreover	**now, next**	その上
112.	nevertheless	**but, however**	それにもかかわらず
113.	thus	**so**	このように

*

　以下のリストの左側の句は、右側にある動詞1語で表現することができます。

114.	determine the truth of	**verifly**
115.	establish conclusive evidence of	**prove**
116.	hold a meeting	**meet**

117. reach an agreement	**agree**
118. submit one's resignation	**resign**
119. take into consideration	**consider**
120. take into custody	**arrest, seize**

このように、「長い単語より短い単語を」「凝った単語より慣れた単語を」の原則をつねに頭に入れておいてください。

*

ここで、単語・表現について、ぜひ注意していただきたいことをいくつか述べておきます。

まず、和英辞典についてです。

日本語が母語の人にとって、英語で物事を表現しようとする場合、和英辞典は不可欠です。自分の知らない語は和英辞典を引くしか手がかりをつかむ方法はありませんから。

ただしこれからは、和英辞典を引く際には、決してそこに載っている表現をうのみにして使わないようにしてください。

例を挙げましょう。たとえば「本妻」という見出し語で和英辞典を引くと legal wife, lawful wife, one's wedded wife と載っています。この辞典の作成者は「本妻」の「本」を意識してこのような表現を「作り出した」のかもしれませんが、これは自然な英語ではありません。

英語の辞書で wife を引くとこう載っています。

a married woman, especially when considered in relation to her husband

つまり英語の wife という単語は、この語だけで、法的に

正式に認められた「本妻」のことを指します。だから、結婚式で牧師が「この者たちを husband and wife とする」と言うのです。

世界中にはいろいろな宗教・文化があって、何人もの wives を持てる場合もありますが、その場合は legal ではなく first wife, second wife となります。

上記の例でもわかるように、今までの和英辞典はどうも日本語の語感にこだわりすぎて、英語を作ってしまい、本来の自然な英語とはかけ離れた表現が載せられてしまう傾向があります。

ですから、みなさんは和英辞典で何か表現を調べたなら、面倒でも必ずその語について英語の辞書で確認をしてください。そうすれば前述のような誤りは防げるはずです。

それから、クリシェ・イディオム・スラングなどは、よほど使い方に自信がなければ使わないほうがよいでしょう。

企業研修などで「割り勘」を英語で表現させると、go Dutch がよく使われます。日本で出ている熟語集などに必ず載っているそうです。この go Dutch はオランダ系の多いところでは使わないほうが無難です。

米国は移民の国なので、地域によって人種構成がいろいろです。たとえば、私の hometown のあるミネソタ州は、ほとんどの人がノルウェー系かスウェーデン系です。ウィスコンシン州は、ドイツ系の多いところです。

スラングやイディオムの中には人種などに関わるものも多いので、くれぐれも注意してください。生半可な知識で使うと、思わぬトラブルのもととなります。

この go Dutch は、オランダ人はけちだ、ということからきています。昔（17世紀）、英国とオランダが戦争していたころ、英語にオランダ人をこきおろした表現がいくつかできました。go Dutch もそのひとつです。

　したがって、Dutch を使った表現に、あまりいい意味のものはありません。たとえば、Dutch courage は「酒の上のカラ元気」、Dutch uncle は「口うるさいオヤジ」という意味です。しかし、使わないようにしましょう。

　また、日本では「どしゃ降り」を It rains cats and dogs. というイディオムで表せると教えているようですが、これは50年ぐらい前の表現で、現在では誰も使いません。ためしに、アメリカ人のティーンエイジャーに使ってみてください。相手はきょとんとすると思います。

　このように、日本でいまだに教えているイディオムで、実際には使われていないものがたくさんあります。

　ふだんから英米の雑誌・新聞・インターネット・映画などの英語に注意して、その中で使われているものを使うように心がけてください。

第5章
PRACTICE I
（実践Ⅰ）

　ここまでの章での説明をよりわかっていただくため、実際に英語の文章を作ってみましょう。

　従来のライティングの本ですと、決まったパターンの文章や、最初から英文にしやすい文章の例が多かったと思います。ここでは、既に日本語で書かれた文章を、英文で表現するにはどうしたらよいか、試みてみます。

《日本語》

紛争下における性的暴力の終焉に向けたグローバル・サミット
岸外務副大臣スピーチ（6月12日）

平成 26 年 6 月 20 日

皆様、

　まず初めに紛争下の性的暴力という重要な問題に関心を持ち、これだけ多くの方が会場に来てくださったことを心強く思います。
　この事実は、もはやこの問題が特定の国に限られたものではなく、国際社会全体の問題意識になっていることの証左だと思います。
　武力紛争下での性的暴力は、関連する国際法の下では戦争犯罪とされています。紛争下の性的暴力防止イニシアティブ（PSVI）は武力紛争下で武器としてレイプまたは他の形態の性的暴力が使われることを指摘し、加害者不処罰の文化を終焉させ、現在の、そして将来の事案を防止することにあると理解しています。これらの犯罪に問われた者は、国際的な規範と整合した形で、裁きにかけられるべきです。
　しかし残念なことに、世界各地の紛争地域において性的暴力の犠牲者はあとをたたず、加害者は多くの場合何ら責任を問われていません。
　そうした現状を踏まえ、日本は、紛争当事国の司法制度の強化や司法関係者の研修・意識啓発にも力を入れています。
　例えば、今年は、コンゴ民主共和国やソマリアにおける性的暴力の責任者訴追に向けた司法制度強化等のため 215 万ドルを紛争下の性的暴力担当国連事務総長特別代表事務所に拠出しました。

しかし、関係者の研修や意識啓発だけでは十分とは言えません。なぜならば、法的な枠組みを執行する人、利用するすべての人々の意識変革がなければ仕組みは十分機能しないからです。

　また、性的暴力の被害者対策も急務です。この観点から、先般、日本政府はICC被害者信託基金に対して、約60万ユーロの拠出を初めて実施することを発表いたしました。

　私たちはつい先日も、ナイジェリアで、「ボコ・ハラム」によって200名を超える女子生徒が拉致されたことを聞き、強い衝撃と憤りを覚えました。教育を求める若い女性が特に標的になったことは、決してPSVIと関係が薄いとは思えません。日本の岸田外務大臣からもただちに非難声明を発出しました。我が国は、「ボコ・ハラム」に苦しむ地域の人々を少しでも支援すべく緊急支援として85.5万ドルの拠出を検討しています。

　性的暴力は犯罪です。重要なのは加害者の不処罰の文化を排除し性的暴力に対する人々の考え方の変革を促すことなのです。「紛争下の性的暴力終焉のためのコミットメント宣言」にも書かれているように、性的暴力の被害者の多くは女性です。紛争下の性的暴力防止イニシアティブにおいて、女性のエンパワーメントの推進及び政治的、社会的、経済的参画は社会の考え方を大きく変える原動力になると信じます。

　この後行われる議論から私も多くのことを学び、国に持ち帰りたいと思います。

《英語》

Speech by the Parliamentary Senior Vice-Minister for Foreign Affairs of Japan Nobuo Kishi to the Global Summit to End Sexual Violence in Conflict 12 June

June 20, 2014

Ladies and Gentlemen,

First of all, I am reassured that such a large number of people have expressed their concern about sexual violence in conflict by joining this Global Summit.

This fact illustrates that the issue of sexual violence in conflict is no longer a matter affecting a specific number of countries. It is a problem acknowledged as such by the international community as a whole.

Sexual violence in conflict is a war crime under the relevant international law. It is understood that the PSVI is to address the rape and other types of sexual violence which is used as a weapon in armed conflict; to eradicate the culture of impunity against perpetrators; and to prevent the current and future cases. Anyone who has been charged with these crimes ought to stand trial in accordance with international law.

However, the regrettable fact is that the number of victims of sexual violence in conflict has been increasing and that the perpetrators have so far remained unpunished.

With this situation in mind, Japan has been focusing on strengthening the judicial systems of the countries involved in conflicts and on providing training and raising the awareness of the judicial personnel concerned.

For instance, this year Japan contributed 2.15 million US dollars as funding for the Special Representative Bangura's Office in order to bolster the judicial systems of the Democratic Republic of Congo and Somalia.

However, providing training and raising awareness are not enough on their own. Real progress requires a transformation in people's consciousness, including both those who administer the legal framework and those who use it.

There is also an urgent need to provide assistance for the victims of sexual violence. For this purpose, Japan has announced its intention to make the first voluntary contribution of approximately 600 thousand euros to the Trust Fund for Victims at the ICC.

I was outraged when I heard that more than 200 female students had been abducted by Boko Haram in Nigeria. I very much feel that this incident, in which young women seeking education were targeted, is relevant to PSVI. Japan's Foreign Minister Fumio Kishida immediately issued a strong statement of condemnation. As an instant response to this situation, Japan is considering to provide emergency assistance of 855

> thousand US dollars in order to support people who suffer from Boko Haram.
>
> Sexual violence is a crime. It is important to eliminate the culture of impunity against the perpetrators and to change our mindsets. As is stated in the preamble of the Declaration, most of the victims of sexual violence in conflict are women. I believe that the promotion of women's empowerment and women's full participation in politics, society and the economy must constitute a dynamic force for changing people's mindset.
>
> I am confident that this Summit will provide many valuable ideas which will help my colleagues and me in Japan to make our endeavors in this area all the more useful and valuable.
>
> Thank you.

　まず、Ladies and Gentlemen という表現はふつうは司会者が使います。演者は言いません。

第1パラグラフ
　英語では one topic for one paragraph という大原則に則ると、たった1行や2行でパラグラフを構成することもあります。その観点からこのパラグラフは one topic for one paragraph になっています。
　表現上の問題は、「出席することによって関心を示す」と

なっているので、動詞はexpressではなくshowがよいでしょう。

第2パラグラフ

このパラグラフも短いですが、one topic for one paragraphになっています。

表現面では、This factが何を指しているのかあいまいです。前述の「多くの方が会場に来てくださったこと」を指すのであれば、もっと具体的に述べるべきです。人出を表すのであればturnoutが使えます。たとえば、Such a high turnoutとすれば完璧です。またas suchは不要です。

第3パラグラフ

残念ながらこのパラグラフは第1、第2パラグラフと異なり、one topic for one paragraphの大原則が守られていません。第1文はsexual violence in conflictの定義になっています。しかし、それに続く第2文ではPSVI、つまりThe Preventing Sexual Violence Initiativeという2012年に英国外務大臣William Hagueと国連特使の女優Angelina Jolieが出した提案に移っています。

Anyoneで始まる文はまた別のトピックというか、演者の主張が述べられています。つまり、このパラグラフは英語の頭では3つのトピックが並べてありますが、それを統括するtopic sentenceがありません。

語法の面では、3行目のrapeの前の定冠詞theは不要です。また同じ文で、whichの先行詞はother typesですから続く

be 動詞は is ではなく are がきます。

第4パラグラフ

このパラグラフの一番の問題は、However という接続詞で始まっていることです。英語ではパラグラフを変えるということはトピックを変えるということなので、パラグラフの頭に接続詞はいりません。

このパラグラフは one topic for one paragraph になっていると言ってよいでしょう。厳密に言えば、性的暴力の犠牲者の増加と加害者が野放しになっていることは別ですが。

このパラグラフは表現面での問題はありません。

第5パラグラフ

第5パラグラフでも one topic for one paragraph の原則は守られています。日本が何を行なっているかを述べています。

語法面ではまず、With this situation in mind は、その前に述べたことに言及しているので this ではなく that を用います。この点は英語が母語の人でもきちんと使い分けをしている人はあまり多くありません。前述を指す場合は that、これから述べることを指す場合は this と覚えておきましょう。

また第1文で日本が当事国の司法制度の強化に力を入れていると述べていますが、ある国が別の国の司法制度の強化に関われるのでしょうか。その点が疑問です。

語法面では、in conflicts ではなく in conflict です。また awareness of の後には具体的な事物がきます。たとえば

awareness of the risk と言えば、その危険性に対する認識、意識という意味です。つまり、本文では judicial personnel を認識するという意味になってしまいます。正しくは personnel を所有格にして awareness の前に付けて of の後には内容をもってきます。

第6パラグラフ
　このパラグラフは、第5パラグラフの具体例です。one topic for one paragraph という観点からは detail sentence としてむしろ第5パラグラフと一緒にしたほうがよいでしょう。
　表現上の問題はありません。

第7パラグラフ
　また文頭に接続詞がきています。繰り返しますが、パラグラフの最初に接続詞はいりません。
　文法的な誤りはありませんが、第1文と第2文のつながりがよくありません。第1文では「～だけでは十分でない」と述べて「真の進歩には～が必要である」と続いていますが、私の頭の中では今ひとつつながりません。またコンマの後に including ～ と人がきていますが、これも transformation を受けているのでつながりません。人に関しては people's ～ と所有格になっていますので、この流れは無理があります。

第8パラグラフ
　このパラグラフの一番の問題は時制 (tense) です。英語

のパラグラフでは一番最初の文、つまり topic sentence の時制がそのパラグラフの時制を定めます。つまり、topic sentence の時制が現在なら、そのパラグラフは最初から最後まで現在形しか使えません。前述の第5パラグラフと第6パラグラフは別々であるのに、このパラグラフは短いので一緒にしてしまったのでしょうか。

　英語のパラグラフとしては For this prupose から別パラグラフにしなくてはいけません。

　このパラグラフは語法上の問題はありません。

第9パラグラフ

　このパラグラフの最大の問題も時制です。第1文の時制は過去、第2文の時制は現在、第3文はまた過去、そして第4文は現在進行形となっています。日本語と異なり英語では1つのパラグラフの中でころころと時制を変えることはできません。

　内容面でも、このパラグラフは英語の頭では3つのトピックが混ざっています。第2文までは演者の気持ちですが、次は日本の外務大臣の話、そして次は日本国の話になっています。このスピーチの中でこのパラグラフが一番まとまりがありません。英語ではこのような展開はできません。

第10パラグラフ

　このパラグラフは時制は問題ありません。すべての文は現在形で述べられています。内容的には一見まとまっているようですが、英語の頭で見ると第2文までは sexual crime 全

体のことですが、第3文から女性の話になっています。

　語法面では、第2文の中でmindsetsと複数形になっていますが、ここは単数形です。このパラグラフの最後の文ではmindsetは単数になっています。また第3パラグラフではperpetratorsに定冠詞theが付いていませんが、このパラグラフの中のperpetratorsには不要なtheが付いています。

第11パラグラフ
　このパラグラフは内容面、語法面ともに問題ありません。

　参考までに英国政府の Preventing Sexual Violence in Conflict を載せておきます。

> The UK Government is calling for international action to address the problem of sexual violence in conflict.
>
> The Preventing Sexual Violence Initiative was launched by UK Foreign Secretary William Hague and UN Special Envoy for Refugees Angelina Jolie in 2012.
>
> The Initiative is working to replace the culture of impunity for sexual violence committed in conflict with one of deterrence—by increasing the number of perpetrators brought to justice both internationally and nationally; by strengthening international efforts and co-ordination to prevent and respond to sexual violence; and by supporting states to build their national capacity.

第6章
PRACTICE Ⅱ
（実践Ⅱ）

　今度は、イチから文章を考えるタイプのライティングをやってみましょう。架空の商品を宣伝する広告コピーを作ってみることにします。

　広告コピーは、動詞を使ったメリハリのある文章でなければなりません。それを書いてみることは、私たちの目的によくかなった課題になります。

　先に、広告コピーを作るときのいくつかの手法をご紹介しておきましょう。私は、米国でのラジオ局時代は、ニュース原稿の他に、毎日のように広告コピーも作っていたものです。

　コピー作成の手法は、大きく分けて2つになります。factual と emotional です。

Ⅰ　Factual Copy
　事実に基づき、数字や実例を用いて、消費者を納得させるものです。

A.　Demonstration or Performance Copy
　実例を出して製品の良さをアピールします。たとえば「このコーヒーメーカーは2分で10人分のコーヒーができます」などです。

B. Test Copy

製品をいろいろなテストにかけて、その成果をアピールするやり方です。日本でも、車やタイヤの広告などでよく見られます。

C. Testimonial Copy

有名人や専門家、あるいは一般消費者の声を引用し、消費者を納得させるやり方です。薬品の広告などに、著名な医者などを登場させ、いかにその製品が優れているかを述べさせます。

ものによっては、普通の人を多数登場させて、商品の良さを納得させます。米国では、カーワックスなどでこの手法をよく用います。

II Emotional Copy

消費者の感情面を刺激して製品を売り込むやり方です。factual とは異なり、数字や実例はあまり出さず、消費者の共感・恐れ・好奇心などを起こさせるようにするわけです。

A. Narrative Copy

物語を語るように、話を作り上げ、消費者の心を刺激します。今までにないような製品の場合、「昔はこうだったが、この製品でいかに状況が良くなるか」というように chronological に話を展開するのがふつうです。

たとえば、

・Five years ago, Mary Seaver spent five hours doing the

laundry a week. Now she spends only two hours. The solution is our new model T-A Automatic Washer.
(メアリー・シーヴァーさんは、かつて週に5時間を洗濯にかけていました。今は2時間です。それを可能にしたのは私たちのT-A全自動洗濯機です)
という具合です。

B. Fear Copy

　消費者の恐怖心をあおり、この製品がないと大変なことになる、と思わせるわけです。最近では竜巻やハリケーンの被害が増えているので、災害保険などがこの手法を用いています。

C. Fairy Tale Copy

　ある架空の話になぞらえて消費者の心をくすぐり、また現実の世界に引き戻して、何となくその気にさせるやり方です。化粧品などは、現実にはそれを使っているモデルのようにはならないわけですが、「自分も」という気にさせるわけです。

*

　上記のような手法は、単独ではなくいろいろな組み合わせで用いられます。英文週刊誌などの広告をご覧になる際に、これはどんな手法かなと考えるのも、ライティングの勉強になります。

　広告は、短く、それでいてインパクトのある文を作らなければなりませんから、みなさんにとっては表現収集の宝庫といえます。ぜひ英語力増強に役立ててください。

　では、実際に広告を作ってみましょう。

問題 1

あなたが下のようなインターネット・ショップを立ち上げたとします。検索エンジンに載せたり雑誌に出稿したりするための広告文を考えてみてください。

店名：PC ライフに花を！　Wallflower Shop

内容：月に 1 回、今月咲く花を最も美しくレイアウトした画像ファイルをお送りいたします。PC の壁紙にお使いください。ギフト用に送ることもできます。

このような広告文で一番大事なのはまず消費者に action を促すことです。日本は、こちらのできることを述べると相手は意図を察してくれる文化ですから、広告でも、こちらができることを述べるのが基本ですね。

よく街で見かける広告文も「融資のことならどんなことでもご相談に応じます」と、やはり「こちらのできること」が述べられています。

しかし、英語ではこれでは客寄せにはなりません。こちらのできることを言っても客が来てくれなければ話になりませんから、まず客の行動を促す文がきて、
・Come and see us about loans.
となるわけです。

同じようにこの広告もまず英文では客の行動を促します。

Flower up your desktop wallpaper with the flower of the month.

flower は、動詞として用いると、自動詞では「花を咲かせる」という意味で、Most fruit trees flower in spring.（実のなる木は春に花が咲く）のように使えます。また、他動詞としては「花でおおう・飾る」という意味にもなります。ここでは、それを用いているわけです。flower に up をつけて強調しています。

似たような使い方に spice up という表現もあります。
・He spiced up his speech with jokes.
（彼はスピーチにジョークで興を添えた）

「今月咲く花」も、実際にはいろいろな花が咲くわけで、それら全部というわけにはいきませんから、英語では単に「その月の花」という形で処理します。それが the flower of the month です。

この〜 of the month という言い方は英語ではよく用いられます。会社などがその月の優秀社員を選んで表彰し、社員のやる気を起こさせるようなことをします。その場合、選ばれた人は the employee of the month です。

また雑誌 *Time* が新年号で、その年の一番話題性のある人を発表します。その場合も同じように the man of the year とか the woman of the year となります。

さて、広告ですが、顧客が承知しなければ花を送ることは

できませんから、客の意志を確認する意味で、英文ではsign up（登録・契約する）という語句を付け加えます。

　また、日本語では「月に1回」というあいまいな言い方ですが、英語ではこれではいつ送られてくるのかわかりませんから on the first day of each month と具体的に表現します。

　日本文では「最も美しくレイアウトした」と述べていますが、このまま訳しても最も美しいレイアウトとは何かがわかりません。英文では、このようなひとりよがりの文はよくないのです。その代わりに、元の花の色を再現するという意味で full color photos と表現します。

　さて、このような情報で忘れてならないのは、費用はいくらかということです。日本文なら契約書の部分で出てきてもよいでしょうが、英語では大事なことは先に出てきますので、この段階で述べておきます。

　以上を総合すると、全文は以下のようになります。

Flower up your desktop wallpaper with the flower of the month.

Sign up now and we will e-mail full color photos of the flower of the month on the first day of each month. It's only 12 dollars for 12 months.

Also, it's an ideal electronic gift.

　広告文のキャッチコピーや客を引くための売り込みの英文を作る際に、われわれが多用する文体上の手法を少しご紹介

しておきましょう。商品やサービスがどのようなものかを客に理解させる上で効果的です。

● Metaphor（隠喩）

[A comparison that describes one thing as another, usually using the word "is".]

あるものを、別のものにたとえて表す比喩で、ふつう be 動詞を用います。

私がある通信会社のために昔作ったコピーに、
・It's just a phone call away.
というのがあります。どんなに遠く離れていても電話一本かければ話ができるわけですから、上のように表現できるわけです。インターネットを使えばホワイトハウスも自分の書斎からでもつながりますから、
・It's just a click away.
というところでしょうか。

● Simile（直喩）

[A comparison that uses the word "like" or "as." Similes are less complicated than analogies.]

metaphor とよく似たものに simile があります。metaphor との違いは、もっと直接的に like や as などの語句を使って、他のものにたとえる比喩表現であるところです。たとえば、
・Don't treat me like a child.（子供扱いするな）
というような意味の表現です。

● Rhyme（押韻、ごろ合せ）

[The repetition of similar or identical sounds.]

　rhyme は、同じような音の言葉を並べることで、キャッチコピーなどではよく用いられます。たとえば、

・Might is right.

では、両方の単語が ait という同じ音を含んでいます。

● Pun（しゃれ・掛け言葉）

[The humorous use of a word that has two meanings, or of different words that sound the same.]

　pun は 2 つの意味をもつ言葉や、音が同じで意味の違う言葉を使って言うしゃれで、これも手法のひとつです。a major success（大成功）という表現と、イギリスの元首相 Major をもじった、

・a Major success

などは、その一例です。

● Parallelism（対句法）

[Matching different parts of a sentence structurally and grammatically.]

　parallelism は、文中の複数の語句の構造上・文法上の形をそろえる修辞法です。parallelism は、対比・コントラストを強調する場合に非常に効果的です。

・Japan is small in area but large in population.

は、small と large、area と population が対比されて内容が一目瞭然です。

製品などのコピーなら、
・It's low in price but high in quality.
が好例です。

問題2

　下のような、在日外資企業向けのヘッドハンティング会社を作ったとします。英字新聞などに広告を打つならば、どのような英文がよいでしょうか。

社名：K&N

広告したい内容：当社は、外国から撤退した日本企業の海外勤務経験者で、転職の希望を持っている人のみを対象とした人材紹介会社です。日本に進出し、これから規模を拡大していきたい企業の方々に、適切な人材をご紹介いたします。当社独自のメソッドにより選び接触した1万人のさまざまな業種の優秀な人材が転職を希望しています。

　この日本文は、英文広告という観点からはいろいろな問題があります。

　まず、最初の「当社は」は、会社案内としては悪くありませんが、今回の用途は「客寄せ」なので、まず客のactionを促すような文を英文ではもってくる必要があります。日本文にはありませんが、足し算をするのです。

　また、日本文では「外国から撤退した〜」となっていますが、英文では逆にここまで詳しく言わないほうが印象がよいでしょう。外国から撤退したと言うと、何か否定的な感じになりますから、英文では単に「一流の日本企業」あたりにと

どめておいたほうが無難です。

　次の文も、「日本に進出し〜人材をご紹介いたします」と、こちらができることを述べています。これも、こちらの状況を述べると相手が意図を察してくれる日本語のよいところではありますが、英語ではまず相手のactionを促すことが必要ですね（PLAIN ENGLISH 10 RULESの10番目、State cause and effect.を参照してください）。

　最後の文の問題点は「当社独自のメソッド」の部分です。このような表現を、日本の広告では時折見かけます。日本語ではなんとなくわかったような気になるでしょうが、英語でいきなりour unique methodなどと言うと、どうuniqueか説明する必要が生じます。

　どのような方法で人材を選び出しているかは、この広告ではなく会社案内などでも詳しく説明すればよいと思います。

　くどいようですが、英語では何かを述べたら必ずそれを受けて説明し、展開しなければなりません。

　それでは、私の作った英文を見てください。

Are you looking for the right leadership for your new office in Japan? If you are, contact K & N.

We boast our pool of high-caliber Japanese nationals to meet your needs.

Some 10,000 individuals are registered with us and all of them have overseas experience at the branches of Japanese blue-chip companies.

いきなり質問で始めるのは、広告などではよく使われる手法のひとつです。質問で相手の注意・関心を引くわけです。そのあとで、相手の action を促す命令文になっています。

　the right leadership は、「指導力」という意味ではなく、集合的に「指導者」を指しています。ぴったりの人材のことです。

　boast は、他動詞として用いると「誇る」というより「...を有する」という感じになります。たとえば、
・The town boasts a nice art museum.
と言うと、「その町には、いい美術館がある」という意味になります。

　high-caliber の caliber は、能力・力量を表します。high-caliber で、日本語なら「優秀な」という感じです。

　blue-chip は、「一流会社」「優良企業」のことを指します。

問題 3

　もうひとつやってみましょう。
　次のような製品があり、下のような広告コピーを使って日本人に好評だとします。これをぜひ、外国人にも売りたいということで、英文を作ってみましょう。

商品名：Gourmet Tofu Maker

日本語の広告コピー：毎朝、作り立ての豆腐を食べましょう！当社の製品〈グルメ・トーフ・メーカー〉なら、コーヒーメーカーのように気軽に豆腐が作れます。夜寝る前に大豆とにがりと水を入れておけば、朝には豆腐ができています。なお、大豆とにがりは、当社より定期的に宅配便でお送りいたします。

　この文は日本文にはめずらしく最初から命令文がきています。その点では、このまま英語にしてもよさそうですが、内容的に英語として見ると coherence がなくなります。
　「毎朝... 豆腐を食べましょう！」と述べたあとで、「当社の製品なら... 気軽に豆腐が作れます」と続いています。英語の頭で見ると、「豆腐を食べること」と「豆腐を作れること」は直接つながらないのです。豆腐を食べたければどこかで買えばよいわけですから。
　もし気軽に豆腐が作れることを続かせるとしたら、豆腐を食べることより、「できたてでよい豆腐を店で買うのがなか

なかたいへんということでしたら、買わないで自分で作ればよいでしょう」ということになります。

　また、日本文には「コーヒーメーカーのように気軽に豆腐が作れる」とあります。日本語では simile として通用するでしょうが、「コーヒーメーカーでコーヒーをいれるように豆腐を作る」と英語で表してもピンときません。ここでは「機械が勝手に作ってくれる」としておいたほうが、英語の場合はよいと思います。

　また、「にがり」は bittern という語がありますが、普通のアメリカ人には理解しがたいと思うので、英文の場合は、単に「中に入れる材料」という形で処理するのがよいでしょう。

　さらに、「大豆とにがりは定期的に～」の部分は、注文時でも済むことなので、英文ではあえてはずします。代わりに、いま注文すれば最初の1セットがつくという購買意欲をそそる文を付け加えます。

　それでは、私の英文をご覧ください。

You don't have to shop around for good tofu anymore. The Gourmet Tofu Maker will make tasty soft tofu for you.

Put soy milk and other ingredients in the Gourmet Tofu Maker before you go to bed. When you wake up in the morning, fresh soft tofu will be ready.

If you order the Gourmet Tofu Maker now, a package

of all the ingredients will come with it. Don't miss this chance.

Note:
Known as soybean curd, tofu is low in fat and high in vegetable protein. It contains all nine amino acids people must consume and it contains no cholesterol. Tofu works well in desserts and dressings and as a cheese substitute.

　米国でも健康ブームのおかげで、豆腐の消費量はかなり増えてはいますが、それでも、いまだに一般の人はなじみが薄いので、豆腐とは何かを英文では「注（note）」として付けてあります。その部分では、low in 〜 and high in 〜 や contains all ... and contains no ... と、parallelism を使っています。

SUGGESTIONS
（提言）

　いかがでしたでしょうか。いろいろなことを述べましたが、まず「英語を書くときには起承転結を忘れ、一番大事なことを一番最初に」から実行していただきたいと思います。これだけで、かなり英文らしくなります。
　このこと自体は、実はどんな英作文・英文ライティングの教科書にも書いてあるわけですが、研修などの機会を通じ、日本人には本当に心理的なバリアが高いことだと実感しましたので、本書では、様々な形で強調してみました。
　さて最後に、いわば「あとがき」に代えて、これからの英語学習に関して、学習者のみなさん、そして各方面に、私が現在考えていることを提言しておきたいと思います。

「学校英語」という呼び方は廃止
　そんなことは実現不可能だとか、何を今さらバカなことを言っているんだと各方面からお叱りを受けそうですが、あえて言わせていただければ、大目標としては、もうそろそろ「受験英語」だの「学校英語」だの「ネイティブの〜」というような英語を特殊化する学び方はやめにしようではありませんか。
　もちろん、上記の大目標は日本人全体が一丸となって協力

しなければ無理な話であることは、百も承知です。現場の先生方だけでもどうにもなりませんし、役所だけでもだめです。しかしこの辺で、情報伝達の手段としての英語という観点からすべてを見直すことが必要でしょう。

本来「英語」というべきところをわざわざ「受験英語」や「学校英語」と呼ぶのは、学校で教えられている英語が、英語を母語とする人が使う「英語」とは別物であるという認識があって成り立つわけです。

入学試験の科目に英語があっても結構です。しかし、今のゆがんだ英語ではなく、もっと普通の英語を学生が学び、試験が行なわれるようにはできないものでしょうか。インターネットの普及に伴って英語が世界中の人々の共通語になる時代に、今のような英語教育を続けていては、日本は大変なことになります。

これからの英語教育

日本の学校教育では英文和訳、あるいは和文英訳ということをやっているようですが、この方法自体は悪いことではありません。母語の体系が既にでき上がってしまった中学生からの英語教育に、その母語である日本語を媒体として教えること自体は、私は理にかなっていると思います。なぜなら、既にある言語体系ができ上がってしまっている者が、それを忘れて赤ん坊が言葉を覚えるように学習することは、理想的ですが、現実には不可能だからです。

幼い子供と違って、大人は本能ではなく、頭を使って外国語を覚えるはずです。頭を使うということは、みなさんの場

合、日本語で考えて覚えるということです。その意味で、英語教育に日本語を持ち込むこと自体は、決して間違っていません。ただ、それを行なう視点が間違っているのです。

　何度か書いたことですが、日本の英語教育は、日本語と英語が一対一に対応するという幻想の上に成り立っているようです。日本の大人が英語を学ぶ際は本能では学べず、頭で学ぶのですから、日本語で考えてよいのです。ただその場合に、日本の学校教育でやっているような日本語と英語の一対一対応ではなく、ideaとしてとらえて学習することです。

　つまり、あるひとつのideaがあるとき、単語単位ではなく、ideaを中心として「日本語ではこう言うが、英語ではこう言う」という対比学習をするのです。英語で言えば detach ideas from words つまり、言葉の一語一語の表面の意味にとらわれることなく、意図をくみとる練習をするのです。私はこの方法を Binary Method と名づけて企業研修などで用いています。

　対比学習をすることによって、もうひとつ大切な事が学べます。それは、日本語から英語、英語から日本語にする際にはどうしても足し算と引き算が必要だということです。つまり、日本語では述べていなくても英語では情報を足さなければならない場合、逆に日本語では述べているが英語では省略しなければならない場合があるということです。

Read, read, read.（ひたすら読みなさい）

　detach ideas from words ということができても、英語で表現する際には、inputがなければ同じideaに当たる表現が

出てきません。

　確実な input の方法は、とにかく英文を読むことです。やさしい本をたくさん読んでください。表現の収集には、何も単行本でなくても結構です。簡潔で達意な文章に触れる手軽な方法として、*Reader's Digest* をお勧めします。最初は1冊全部でなくても、気に入った記事だけで結構です。

　日→英とは逆に、英文を読むときは、日本語ならどう言うか考えるわけです。たとえば英文を読んでいて次のような文が出てきたとします。

He is a natural leader.

　もし、この idea を日本語で表現するとしたら何に当たるか考えるのです。その場合、みなさんの母語である日本語では「生まれついての指導者」と言うかもしれません。しかし、よく考えてみてください。「生まれついての指導者」とは何でしょうか。

　文というのは必ず前後関係がありますから、文脈から、これはこの人の人物評価をしているというのはわかるはずです。

　日本語では「人となり」を述べる場合、

「彼は指導力がある」

と言うはずです。そうか、これはそのことだとわかったら、メモなりデータベースなりを作るのです。そうすると、それがやがて自分だけの和英辞典となります。

　和英辞典に載っている leadership は「人となり」を述べるときには使わないということがわかるわけです。

国語教師の方々へ

　国語教育を、日本語を言語として習得する過程と捉えてみてはいかがでしょうか。

　今まで、国語教育はあまりにも日本文学の鑑賞に重点が置かれすぎていたのではないでしょうか。その理由は、私が日本語の専門家にうかがったところによると、日本の国語教育は、「日本語は母語である。したがって、言語としての習得は済んでいる」というところから出発するそうです。この辺は、米国の国語、つまり英語教育とは決定的に違うところです。

　米国では、英語を言語習得の過程として教えます。ですからまず鑑賞よりも、言語として運用できることを目指します。

　昔、私の生徒が面白い象徴的な話をしてくれました。あるテレビのバラエティ番組で、作家の野坂昭如氏がこんなコメントをしていたというのです。

　「自分の子供の学校の授業で、自分の作品が教材になった。『このとき作者はどういう心境だったか』という質問を先生に問われて、娘が自分に聞いてきた。自分は『締め切りに追われてひいひい言いながら書いた』と答えた」というものです。

　文学研究者が研究として文学作品を鑑賞・吟味するのは結構ですが、小学生や中学生レベルで上記のような鑑賞をする意義や必然性が果たしてあるのでしょうか。

　それよりも主観・客観、具体・抽象の違いや、情報をどう整理・分類し誤解を生まないように最も効果的に相手に伝えるかという運用面を教えていただけないものでしょうか。

本書の中で載せたような問題を数多くやることによって、言語は日本語であっても、世界的に通用する情報伝達能力の基礎が養われるはずです。

英語教師の方々へ

「受験英語」の中で実行するのは非常にむずかしいとは思いますが、従来のような文法をパターンで覚えさせる学習ではなく、意味としての英文法を教えるようにしてはいかがでしょうか。たとえば、日本の学校では以下の文を同じと教えているはずです。

a) I must go there.
b) I have to go there.

しかし、実際は、結果的に同じ意味になる場合があるとしても、文の表している内容が違います。a)の文は、mustという助動詞を使うことによって、この文の話者の気持ちを表しています。b)の文は、この話者が置かれた状況を表しています。つまり、a)は「何があっても行くんだ」というニュアンスで、b)は「私にはこれからそこに行く必要がある」という意味です。

仮定法や話法の転換など、英語が母語の人でもめったに使わないことに時間を費やすよりは、意味としての英文法に重点を置くべきです。

単語に関しては、日本では単語の数を増やすことが英語力につながると思われています。これからはそうではなくて、中学・高校では基本語の運用について徹底的に学習させてはどうでしょう。もちろん最後には単語数がものをいいます。

しかし、英語が母語の人でもふつうの人々が伝達の手段として用いるとき、問題になるのは単語の数ではなく、基本的な語をどれだけ理解しているかなのです。

よく米国人が日常用いる単語数は2000語あるいは3000語と言われています。数の上ではまったくその通りです。しかし、実際には、takeという1語で、はかり知れないほどの内容を表すことができ、英語を母語とする人はこうした単語をうまく使って幅広い表現をしているのです。日本人の英語学習に欠けているのはまさにこの部分なのです。

国語教師・英語教師の方々へ

今まで、国語の先生と英語の先生が共同で何かを研究するというのは、ほとんど日本では行なわれていないと思います。なかなかむずかしいとは思いますが、大学入試の問題や教科書を、日本語と英語の両面から検討してみてはいかがでしょうか。たとえば、英作文の問題で以下のようなものが出題されたことがあります。

> ラッシュアワーの電車に乗ることがどれほどくたびれるものであったかは、退職後、すし詰めの電車に揺られることがなくなって初めてわかった。この40年間、押し寄せてくる乗客たちとよくもまあ毎日のように格闘できたものだと思う。乗客で膨らんだ電車に乗るには、本当に、途方もないエネルギーと決意が必要だった。

今までは、このような日本語文を上から順番に一語一語訳

してきたはずです。しかし、元の日本文がおかしいという観点は誰も言及しません。ラッシュアワーの電車に乗ることはくたびれるものであることを 40 年間わからなかったのでしょうか。日本語と英語の先生が協力して問題を作れば、このようなあほらしい問題はでき上がらないと思います。

企業の英文チェッカーの方々へ

　機会あるごとに述べていますが、日本語と英語は一対一に対応しないので、日本文を一語一句、構成もそのまま英文にするのはナンセンスです。日本語には日本語のものの言い方があるので、日本文まで変える必要はありませんが、英語は英語の order があります。日本文と英文を 2 つ並べて検証するようなことはそろそろやめにして欲しいと思います。

　日本文を英文にする目的は何でしょうか。日本文を英文にするのは、日本人に読ませるためではないはずです。だとすれば、英語としてのものの言い方に従うべきではありませんか。インターネットのホームページに載せるのなら、全世界の一般の人々に向けているので、なおさら誰が見ても理解できる文にするべきです。一部の日本通の人だけのものではありません。

　どういうわけか、英語ができる人ほど元の日本文にこだわりがあるようです。これは、私の生徒から聞いた話です。

　彼女のオフィスで、あることがらについての日本文を英文にしたときのことです。ホームページ用の文なので元の日本文から離れ、英語として誰が見てもわかるように順序などを入れ替えて英文にしたところ、直属の上司からは OK が出ま

した。しかし、決定権のある人に上がったところで、元の日本文に忠実に訳せと差し戻されたそうです。

　この決定権のある人は、留学経験もあり、海外にも出向していた人だそうですが、なぜそのような人が元の日本文にこだわるのか理解に苦しみます。しかも、この上司は私の生徒に、この英文は日本人が見て元の日本文が見えてくるようでなければダメだと言ったそうです。では、いったい何のためにわざわざ英文にするのでしょうか。

　せっかく私の元で英文ライティングを研鑽しても、実際の現場がこれでは何の意味もありません。

　決定権のある方々にぜひお願いいたします。日本語は日本語、英語は英語として、それぞれ自然な形を目指そうではありませんか。

会社の管理職・経営者の方々へ

　日本の伝統であった以心伝心・あうんの呼吸によるコミュニケーションを捨てて、言葉によるコミュニケーションを目指されてはいかがでしょう。

　今までは何か部下が失敗して理由を説明しようとすると、「弁解はするな」と一喝していた上司が多いようですが、きちんと言葉で説明させてはいかがでしょう。

　また、伝達事項は口頭や会議などではなく、文書で伝えてはいかがでしょう。いままでは、要点だけを、もっといってしまえば建前のみを文書にして、本当に重要なことは口頭で伝える、ということが行なわれていたと思います。しかし、口頭の伝達は不正確さが伴います。伝達のための会議は、時

間のムダ遣いです。いまの経済状況で、時間のムダ遣いになるようなことは、真っ先に排除すべきでしょう。ひところ restructuring という言葉が頻繁に口にされましたが、「会議に時間を費やさない」というのも立派な restructuring です。

異文化間の次元ではなく、世代間でさえコミュニケーションがむずかしいとよく言われます。「新人類」という言葉もありました。それは会社内、つまり同じ言語空間でさえ言語でのコミュニケーションがないからではないでしょうか。あうんの呼吸が通じない相手を理解するほうが無理というものです。これからは、まず、日本語でのコミュニケーションを積極的に行なうことが必要だと思われます。

日本では、40代の人と70代の人が友人関係にあることはめずらしいと思います。しかし、米国ではどんなに年齢が離れていても友人関係が成り立ちます。現に、私には、30代から80代までの友人が多数います。これは、意志伝達の要素にあうんの呼吸ではなく言語が使われているためでしょう。たとえ年代が違っていても、言語を使って自分の思っていることをきちんと表現すれば、わかり合えないはずはありません。これは異文化間でも同じことだと思います。

ケリー伊藤のお薦め教材

今、私たちの世界は英語学習の題材に恵まれています。そうです、インターネットを活用することです。自宅で世界中にある英語資源にアクセスができるのです。

私が勧めるいくつかのサイトを挙げておきます。

USA TODAY
http://www.usatoday.com/

プレイン・イングリッシュの良いお手本。どんな読者が読んでもわかるように、なるべくやさしい単語や文章を使い、話し言葉に近い文体で情報を伝えるのがその編集方針です。内容的には、全米や local news、海外記事やスポーツなどバラエティに富んでいて、local news しか扱わなかったそれまでの地元紙とはかなり紙面構成が異なっています。

Kids.gov
http://kids.usa.gov/

子ども向けの連邦政府のサイトです。年齢別にもなっていて、Teens Grade 6～8 が特にお薦めです。Plain English のお手本にしてください。

VOA Learning English
http://learningenglish.voanews.com/

Voice of America は、米ソ冷戦時代は Radio Moscow に対抗するいわゆるプロパガンダ放送でしたが、今は全世界の英語学習者向けの放送です。特にこのサイトは Special English で構成されています。Special English には、次の特徴があります。

(1) 使用語彙を 1500 語に限定

Special English では、使用語彙を、固有名詞を除く、英語の基礎の基礎とされる 1500 語に限定し、これらですべてを表現しています。もちろん、医学や IT など現代の進歩に

ついて言及する場合は technical terms（術語）を使わざるをえません。その場合でも、リスナーが意味を理解できるように必ず補足説明を入れています。

(2) 1文が短い

1文は短く、10語から12語で書かれているものが中心です。そして、1文には1つの idea しか入っていません。関係代名詞などは極力使わず、文型はS + V + Oの能動態が基本です。

(3) ゆっくりと読まれている

Special English では記事を読む速さが、1分間に約100語と決められています。通常の VOA Standard English は、1分間に約150語の速さで読まれています。これは民間のネットワークと同じ速さです。

Voice of America
http://www.voanews.com/

こちらは Special English ではなく、Standard English が用いられています。ニュースを読む速度は1分間に150語になっています。

U.S. Securities and Exchange Commission – A Plain English Handbook
http://www.sec.gov/news/extra/handbook.htm

米国証券取引委員会のサイトです。委員会が出している Plain English Handbook がダウンロードできます。悪文と Plain English で書き直された文を before-after で比較できま

す。是非参考にしてください。

Plain Language.gov – Federal Plain Language Guidelines
http://www.plainlanguage.gov/howto/guidelines/FederalPLGuidelines/index.cfm

　米国連邦政府の Plain English 推進サイトです。すべての連邦職員に Plain English が求められています。

　最後に、私の Plain English の Home Page も紹介しておきます。
Plain English in CyberSpace
http://www.pecs.co.jp/

　辞書は、学習用には *Oxford University Press* および The *Advanced Learners Dictionary* を勧めておきます。日本人の苦手な単数・複数の意味の違いや用法などが載っています。雑誌などを読んでいてわからない単語が出てきた場合には、reference（参照）用としてもう1冊、英語を母語としている者が使う、英米の辞典をそろえてください。いずれにしても、英語の単語の意味を調べたい時は、まず英英辞典に当たってください。特に動詞は訳語ではなく、概念として頭に入れてほしいので、ぜひ英英辞典を使ってください。

参考文献リスト

* 『日本語が見えると英語も見える──新英語教育論』
荒木博之　中公新書

* 『日本人の発想、日本語の表現──「私」の立場がことばを決める』
森田良行　中公新書

* 『日本語はどんな言語か』
小池清治　ちくま新書

* 『SCHOLASTIC GUIDES ― WRITING WITH STYLE』
Sue Young　Scholastic Inc.

* 『25 MINI-LESSONS FOR TEACHING WRITING ― Quick Lessons That Help Students Become Effective Writers』
Adele Fiderer　Scholastic Inc.

* 『101 Fresh & Fun Critical-Thinking Activities』
Laurie Rozakis, Ph.D　Scholastic Inc.

書きたいことが書ける英語ライティング術

●2015年9月1日　初版発行●

●著　者●

ケリー　伊藤

©Kelly Itoh, 2015

●発行者●

関戸　雅男

●発行所●

株式会社　研究社

〒102-8152　東京都千代田区富士見2-11-3

電話 営業 03-3288-7777 (代)　　編集 03-3288-7711 (代)

振替 00150-9-26710

http://www.kenkyusha.co.jp

KENKYUSHA

〈検印省略〉

●印刷所●

研究社印刷株式会社

●整版所・本文レイアウト●

凸版印刷株式会社

●装丁●

寺澤　彰二

ISBN 978-4-327-45272-8　C1082　Printed in Japan